埃切加赖传

李慧敏◎著

时代文艺出版社

图书在版编目（CIP）数据

埃切加赖传／李慧敏著．—长春：时代文艺出版社，2016.4（2021.3重印）

ISBN 978-7-5387-5127-7

Ⅰ．①埃… Ⅱ．①李… Ⅲ．①埃切加赖，J．（1832～1916）－传记 Ⅳ．①K835.515.6

中国版本图书馆CIP数据核字（2016）第001776号

出品人　陈　琛
责任编辑　余嘉莹
装帧设计　孙　利
排版制作　隋淑凤

埃切加赖传

李慧敏　著

出版发行／时代文艺出版社
地址／长春市福祉大路5788号　龙腾国际大厦A座15层　邮编／130118
总编办／0431-81629751　发行部／0431-81629755
官方微博／weibo.com／tlapress　天猫旗舰店／sdwycbsgf.tmall.com
印刷／三河市嵩川印刷有限公司
开本／710mm×1000mm　1／16　字数／144千字　印张／12
版次／2016年4月第1版　印次／2021年3月第2次印刷　定价／36.00元

图书如有印装错误　请寄回印厂调换

授奖辞

Award-winning Remarks

由于他大量出色的剧作，以其独特、新颖的风格，复兴了西班牙戏剧的伟大传统。

——诺贝尔奖委员会

目录

序言　大器晚成的戏剧大师 / 001

第一章　品学兼优的少年

1. 戏剧大师的降生 / 002

2. 从马德里到穆尔西亚 / 005

3. 少年的抉择 / 008

4. 重回马德里 / 011

第二章　就读土木工程学院

1. 功夫不负有心人 / 016

2. 对戏剧的偏爱 / 019

3. 工程师埃切加赖 / 022

4. 革命的硝烟 / 025

第三章　在马德里的新生活

1. 年轻的数学教授 / 030

2. 弟弟的戏剧天才 / 033

3. 婚后的生活 / 036

4. 经济拮据下的创作尝试 / 039

第四章　从科学家到政治家的转变

1. 频繁地出国考察 / 044

2. 对戏剧创作的向往 / 047

3. 来自自然科学院的嘉奖 / 050

4. 从自由贸易到政治经济学 / 053

5. 钻研讲演术 / 056

6. 九月革命的影响 / 058

第五章 登上政治巅峰

1. 西班牙政府的委任状 / 064

2. 参与修宪会议 / 067

3. 国王的人选 / 069

4. 纷乱的政治局面 / 072

5. 重执教鞭的日子 / 075

6. 再次走上政治舞台 / 078

第六章 决心弃政从文

1. 共和国的建立 / 084

2. 身处险境的常务委员 / 087

3. 逃往巴黎 / 090

4. 新政府的委任 / 093

5. 走上文学道路 / 096

第七章 厚积薄发的戏剧天才

1. 《支票簿》首演成功 / 102

2. 剧作家埃切加赖 / 105

3. 有成功就有失败 / 108

4. 马德里的剧场 / 111

5. 女演员的要求 / 114

第八章 源源不断的创作灵感

1. 《在剑柄里》讲述身世疑云 / 120

2. 《不是精神失常，就是品德圣洁》展现人性悲哀 / 123

3. 《在死亡的怀抱里》诉说伦理道德 / 126

4. 《伟大的牵线人》笑看世态炎凉 / 129

5. 《溅血濯耻》洗刷爱情冤屈 / 132

第九章　特色鲜明的戏剧大师

　　1. 民族文学的传统 / 138

　　2. 丰富多彩的创作题材 / 141

　　3. 借鉴文学大师的智慧 / 144

　　4. 埃切加赖的流派之争 / 147

　　5. 因不完美而更真实 / 150

第十章　光荣的诺贝尔奖得主

　　1. 埃切加赖戏剧现象 / 156

　　2. 来自墨西哥的好评 / 159

　　3. 文学院士的殊荣 / 162

　　4. 问鼎诺贝尔文学奖 / 165

　　5. 拉上文学生涯的大幕 / 168

附　录

　　埃切加赖生平 / 172

　　获奖时代背景 / 174

　　埃切加赖年表 / 175

　　获奖当年世界大事记 / 179

　　1904年11月的一天下午，何塞·埃切加赖收到了一封来自瑞士的信，他一边思索是瑞士哪位朋友写信给他，一边从容地撕开信封，将信纸展开读了起来。寄信的不是别人，正是瑞典科学院。埃切加赖吃惊地读着信中的内容："……瑞典科学院于1904年11月13日召开年会并讨论决定，由于埃切加赖新颖独特的剧作风格，继承并复兴了西班牙的传统戏剧，决定将本年度诺贝尔文学奖奖金的一半授予何塞·埃切加赖。"

　　接到这封信的时候，埃切加赖已经72岁高龄，这是对他的文学生涯最高的肯定。实际上，虽然年逾古稀，埃切加赖的文学生涯却仅经历了30年，也就是说，他在42岁的时候才正式地走上文学道路，算得上是一位大器晚成的戏剧大师了。

　　从古至今，有不少作家都是半路出家，从其他毫不相干的职业变成文学名家。不过，能够像埃切加赖这样先是在科学研究上取得过优异的成绩、后在政治舞台上有过出色的表现、再成为一名文学巨匠的例子却着实少见。虽然过了不惑之年才开始文学创作，埃切加赖却成了西班牙戏剧的复兴者，用后半生为西班牙人民创作了一百多部类型丰富的戏剧，成为那个时代西班牙戏剧文学的最杰出代表。

1832年4月19日，埃切加赖出生在西班牙首都马德里一个富裕的家庭。由于家庭条件优越，埃切加赖从小便接受了正规的贵族资产阶级教育，并于1854年以优异的成绩毕业于马德里土木工程学院数学工程学系。毕业后的埃切加赖在母校前后共任教14年，在数学、经济学领域都有着一定的建树，被称为数学家和经济学家。

当西班牙爆发了资产阶级共和革命之后，埃切加赖以著名学者和自由派代表的身份被推选为新成立的西班牙国民议会议员，从此停止了执教生涯，进入政界打拼。走上政治舞台的埃切加赖先后担任了西班牙公共工程大臣、财政大臣、经济大臣等职务，并创办了西班牙银行，是当时西班牙政坛十分有威望的官员之一。

虽然在政治上颇有成就，埃切加赖却于1874年突然辞去所有的政治职务，全身心地投入戏剧创作之中。埃切加赖的这一决定引起了整个西班牙的怀疑和猜忌，不过，随后在马德里阿波罗剧院首演的《支票簿》证明了埃切加赖的决定是完全正确的，他的剧本受到了广泛的认可和好评。《支票簿》首演的成功也极大地鼓舞了埃切加赖的创作信心，在随后的很长一段时间里，他都保持着惊人的创作能力和创作速度。

此时的埃切加赖已经42岁，对多数作家来说，这个年龄已经是走下坡路的时候了，而埃切加赖却如一艘刚刚起航的游轮，在艺术的海洋上乘风破浪，表现出极大的戏剧创作天分。这或许与他小时候的生长环境有着很大的关系。

　　19世纪初，西班牙爆发了抵抗法国的独立战争，无形中推动了那个时期西班牙浪漫主义文学的发展。但在1820年至1823年发生的第一次资产阶级革命遭到政府的镇压，这又使浪漫主义文学的发展受到了阻碍。直到30年代以后，在欧洲各国流亡的文化人士相继回国，并且带回了新兴浪漫主义的影响，逐渐在西班牙的文学以及戏剧方面形成了一种思潮。

　　埃切加赖就是出生在这样一个时期，虽然在上学期间学习的是数学工程，但是文学及戏剧方面的思潮对他产生了很大影响，使得他在少年时代就酷爱戏剧。19世纪的西班牙是浪漫主义和现实主义小说发展最为繁盛的一个时期。在这个时期，现实主义的戏剧和诗歌与同样题材的小说难以相提并论。直到1874年《支票簿》首演并获得成功，沉寂半个世纪之久的西班牙戏剧才开始走上复兴的道路。

　　埃切加赖的戏剧作品在内容方面丰富多彩，而其独特的风格更令他的作品显得清新异常。他善于用华丽的台词和出奇的情节制造舞台上的强烈冲突和紧张气氛，用那些离奇的、扣人心弦的戏剧效果牢牢地将观众吸引住。1904年，鉴于埃切加赖对西班牙戏剧文学发展的不朽贡献，瑞典科学院特别授予他诺贝尔文学奖的荣誉，这位大器晚成的伟大剧作家终于经过不懈努力收获了最甜的果实。

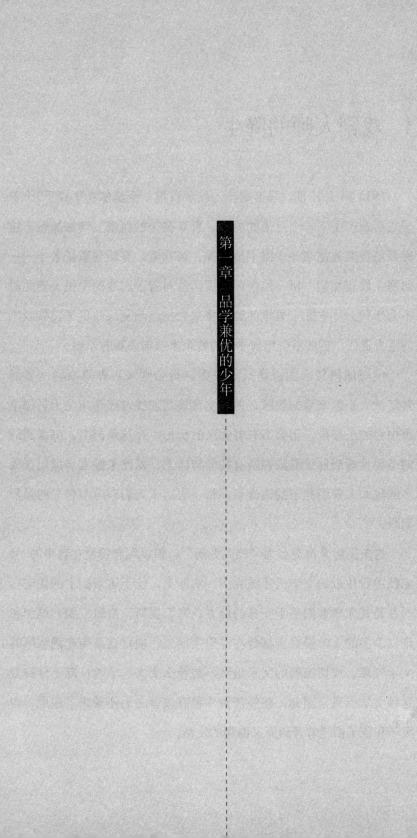

第一章　品学兼优的少年

1. 戏剧大师的降生

1832年4月19日，马努埃拉·埃萨吉雷·查雷尔在生育了7个孩子之后顺产生下一个可爱的男婴，喜欢孩子的何塞·埃切加赖·拉克斯塔将婴儿抱在怀中温柔地抚摸、亲吻着，并给他取了名字——何塞·埃切加赖·伊·埃伊萨吉雷，这对普普通通的平民夫妻此时不会想到，怀中这个柔嫩的婴儿将来会担负起复兴西班牙民族戏剧的重大责任，更加不会想到他会为整个家族增添新的光彩。

埃切加赖父亲的祖籍是阿拉贡，母亲则来自古普斯科阿省潘普洛纳大主教统治的教区，他们生育埃切加赖时居住在位于马德里市中心的圣婴街。圣婴街有着悠久的历史，在这条街上，脚踩圆球的圣婴见缝插针地雕刻在所有柱形物体上，以此来警世15世纪托莱多的犹太人曾经犯下的错误和罪行，表达了人们对爱与和平的强烈期盼。

这条街后来被更名为"维克多街"，借以纪念曾经在这里的9号宅邸中居住过的文学天才维克多。实际上，位于这条街上的住宅区一直是文人墨客们乐于安身的地方，塞万提斯、洛佩·德·维加和许许多多的文学爱好者都曾在这里生活过，使得这条街充满浓厚的文学气息。埃切加赖的父亲虽然不是什么文人、学者，却十分钟爱这种文学气息，因此，在经济条件稍有改善之后便搬来了这里，与妻子和孩子们过着普通而又温馨的生活。

埃切加赖的父亲从事医生的工作，为在圣婴街居民区居住的人们看病。随着家庭成员的增加，这份生意并不兴隆的工作逐渐无法支撑整个家庭的开支了，全家人的生活陷入窘迫的困境。所幸的是，博学的男主人很快找到了一份能赚些外快的兼职——在学校里做兼职讲师，主要讲授植物学课程，这样一来，两份工作一起做，赚取的收入刚好可以满足一家人基本生活的需求。

埃切加赖有比利牛斯山上巴斯克民族的血统，这是一个独特而传奇的民族。巴斯克民族的起源鲜为人知，相传在很久以前，巴斯克族人就生活在现今西班牙与法国交界的比斯开湾地区和比利牛斯山脉的西麓。有传说称巴斯克人是古代伊比利亚部落巴斯孔人的直系后裔，这个民族形成的历史，与伊比利亚半岛其他民族有着显而易见的区别，其中最显著的就是巴斯克族人依然延续着属于自己民族最古老的习惯和文化。

巴斯克民族在半岛遭受克里特人、罗马人、日耳曼人和阿拉伯人入侵及其统治期间，虽然受到了来自异域文化的影响，却仍然顽强地保持着自己民族在血统和语言方面的特点；即使处于长达六百多年罗马文化的洪流中，也没有受到什么强烈的冲击。8世纪至10世纪的时候，巴斯克人曾对阿拉伯人的入侵进行抵抗，继续保持独立。13世纪之后，巴斯克人与卡斯蒂利亚王国联合后，长期拥有自己的特殊权利。

从记事的时候起，埃切加赖就十分喜欢听父亲讲述巴斯克人的历史故事，这个小小的民族在发展历史中总是保持着强烈的凝聚力，族人中不乏勇猛善战的斗士，从不甘于外族的统治。在西哥特人、罗马人和摩尔人率军入侵巴斯克领地的时候，巴斯克民族都曾做过殊死抵抗，是伊比利亚半岛上最后被征服的民族。

巴斯克人的民族意识十分强烈，埃切加赖从懂事时就开始为自己的血统感到骄傲和自豪，他的反抗精神就是在这种民族血统和文化的影响下逐渐形成的。在埃切加赖的记忆中，他对戏剧的兴趣也在很小的时候就开始了，不过，与其说是一个懵懂的孩童对戏剧文学的偏好，不如说是上天在冥冥之中对他将要成为戏剧大师的天机进行了些许泄露比较准确，因为这个发生在3岁小孩子身上的体验实际上是一种空穴来风的幻想：

一天，埃切加赖和兄弟姐妹们在保姆的陪伴下到公园玩耍，他度过了一段快乐的时光，回家的路上，埃切加赖要保姆抱着他。很快他便在大人晃动的怀中昏昏欲睡，正当保姆要抱着埃切加赖上楼梯的时候，恍惚中一个奇特的场景在埃切加赖的眼前闪现——

"……那里好像是一个舞台，有一个穿着黑色衣服、脸色苍白的女人在有节奏地晃动着身体，她的表情显得十分忧郁……"

对3岁的小孩子来说，这个景象实在有些吓人，幻象发生的瞬间，埃切加赖大叫一声便哭了起来，弄得保姆一时间不知所措。埃切加赖后来回忆道，那个时候的自己从来没有去过剧院，也没有听过家人谈及有关戏剧的东西，然而那个舞台和舞台上的女人却如此清晰地展现在眼前，俨然就是悲剧之神墨尔波墨涅！这个幻象让小小的埃切加赖记忆深刻，直到老年时依然能在脑海中清晰地见到那个黑衣女人面带愁容的脸庞。

从此，戏剧的种子便在埃切加赖的心中埋下了，不过，它的生长却十分缓慢。

2. 从马德里到穆尔西亚

在马德里度过了5年无忧无虑的童年时光以后，为了过上更好的生活，埃切加赖一家人迁居到了位于西班牙东南部的穆尔西亚城。在那里，埃切加赖的父亲成了当地一所学校的教师，后来还曾经对希腊学做过一番详细的研究。稳定的教师工作使得埃切加赖的父亲在薪资方面更加优厚，社会地位也随之提升，一家人逐渐过上了平稳、富足的生活。

穆尔西亚位于塞古拉河和瓜达伦廷河的交汇处，是一个历史悠久的古老城市。穆尔西亚城始建于公元825年，曾经是科尔多瓦王国的都城，因为处于运河交汇处，交通十分发达，经济和文化都相当昌盛。在穆尔西亚城内有许多古老的建筑物，其中位于繁华地带的大教堂显得尤为壮观。教堂的主楼是在14世纪建成的哥特式建筑，侧面的钟楼则到1792年才建设完成，显示出文艺复兴、巴洛克、新古典主义等多种风格的气息。

年仅5岁的埃切加赖像其他小孩子一样活泼好动，初到穆尔西亚城之后的一段时间，到城中各处游玩成了他最大的乐趣。不过，他的这种自由自在的生活很快就结束了，重视孩子教育的父亲为小埃切加赖物色了当地一所小学，将他送去读书了。

从第一次接触文化知识开始，埃切加赖的聪明才智就很快展现了出来。埃切加赖对各种课程都很喜欢，总是能轻松地掌握老师传授的知识，赢得了老师的赞许和其他学生的羡慕。结束了小学的学业之后，埃切加赖又在父亲的安排下进入当地最好的中学学习。升入中学的埃切加赖继续保持着良好的学习习惯，成绩在班上总是名列前茅，尤其擅长理科。

上课时是品学兼优的好学生，放学之后，埃切加赖也会像其他小孩子一样，将自己顽皮的一面完全展现出来。战争题材是男孩子最喜欢的游戏背景，埃切加赖很喜欢跟小伙伴们一起用纸张叠成士兵的样子，各自组建军队，玩打仗游戏。有一段时间，埃切加赖迷上了射箭，饶有兴趣地动手制作了很多弓箭和靶子，跟小伙伴们一起到野外练习、比赛射箭，常常因为玩得高兴而忘记回家。

放风筝也是埃切加赖十分喜爱的一项游戏，从设计款式到动手制作都是一个人独立完成，看着自己制作的风筝在高空中恣意翱翔，埃切加赖心里总是充满无限的喜悦和满足感。热爱自由是小孩子的天性，埃切加赖也不例外，或许在小小的孩童心中，风筝自由自在地飘摇就像自己在天空中翱翔的感觉一样吧。

搬到穆尔西亚之后，埃切加赖家中养了一条名叫阿迪斯的小狗，这条小狗聪明好动，总是喜欢黏着埃切加赖一起玩耍。与小动物的相处让埃切加赖体会到了另外一种乐趣，人与动物之间简单的信任感总能给人好心情。不过，阿迪斯后来染上了狂犬病，父亲忍痛将它杀死了。这件事对埃切加赖的内心造成了极大的震撼，虽然事出有因，他依然无法理解父亲的杀戮举动，并为阿迪斯的离去而伤心了很久。

在埃切加赖的回忆中，有两件事对他的人生观产生了巨大的影响，使他在后来的政治生涯中始终保持公正的判断力：

第一件事情是在学校里无辜受罚。当时仅仅因为一个顽皮的男孩子在拉丁文课的课堂上扰乱秩序，老师就要求全班同学下跪作为处罚。作为学校的模范学生，这是埃切加赖唯一一次受罚，他认为老师的做法非常不公平，却又出于校规不得不按照老师说的去做。

第二件事情是一件不合身的衣服对他身体的束缚。那是一件绿色的连身衣，这种紧绷在身上的设计是当时十分流行的款式，埃切加赖虽不喜欢，却还是要穿在身上。后来他将这件衣服视为"独裁者"的最佳形象代表来唾弃，认为紧绷的衣服扼杀了自己的自由。当玛丽·克里斯蒂娜被废黜、埃斯帕尔特上台的时候，那件衣服终于小到不能再穿的地步，埃切加赖感觉自己和整个西班牙一样获得了自由。

随着年龄的增长，埃切加赖在课余时间逐渐将注意力从玩耍转移到阅读上。有一段时间他非常喜欢待在家中阅读情节跌宕起伏的小说，在文学作品中寻找不一样的人生乐趣。除了读书以外，埃切加赖还对诗歌和戏剧产生了兴趣。穆尔西亚的剧院经常上演一些浪漫主义题材的喜剧，闲暇时光，到剧院去看戏是埃切加赖最喜欢的消遣方式了。记忆力很好的埃切加赖常常在看戏回来后对着父母复述大段的诗剧对白，让双亲感到格外惊喜。

12岁那年，埃切加赖还与小伙伴一起在朋友家中像模像样地排演了一出名为《马伊雷纳的市集》的戏剧，作为剧中的"主要演员"，从熟悉剧本到背诵台词、再到上台演出，埃切加赖十分过瘾地体会了一番戏剧的魅力。不过，对还是中学生的埃切加赖来说，学习始终是第一位的，这些戏剧方面的兴趣只能作为爱好偶尔为之，他的生活重心还是在完成学业、考入理想的大学上面。

3. 少年的抉择

　　无忧无虑的少年时代接近尾声，1847年，15岁的埃切加赖以优异的成绩完成了中学的学业，顺利地毕业了。中学毕业后，学生们面临着是否继续深造的问题，埃切加赖也不例外。虽然并不是出身书香门第，但是，埃切加赖的父亲还是对儿子的学业秉持着鼎力支持的态度，埃切加赖也已经有了自己早就看好的大学和专业选择，只是还没有跟家人商量过。

　　在那个年代的欧洲，拥有财富和地位的家族以及家族中的年轻子弟都对法律专业十分青睐，进入政府部门工作甚至执政一方都是这些人心中的理想；如果不能从政，那么神学研究也是一个不错的方向，对宗教的良好把握是最容易让人获得社会地位的途径了。不过，埃切加赖的父亲并不强迫儿子选择专业，身为教师的他给了埃切加赖最大的选择自由。与此同时，埃切加赖对法律和神学也没有丝毫兴趣。

　　从埃切加赖的角度来说，上中学以后，他一直对理科保持着浓厚的学习和钻研兴趣。在埃切加赖的记忆中，周围的同学总是向他抱怨立体几何的学习难度，甚至将这门学问视为妖魔鬼怪。但是，埃切加赖却非常喜欢钻研立体几何，而并没有费什么力气就轻松掌握了这门知识，这使得他对理科的学习兴趣受到了很大的鼓舞，从此，数学成了他生命中的一大兴趣。

在中学毕业前夕，埃切加赖就对大学学府和专业的选择有了自己的决定，所选专业一定要与数学有一定的关系。当时马德里土木工程学院在西班牙有着较高的地位，那里的理科院系课程设置丰富，各学科执教的教授也都十分有名。这样的学习环境对埃切加赖充满了吸引力，他暗自下了决心，准备前往马德里报考那里的土木工程学院。

父亲在埃切加赖毕业后询问他对专业的选择时，他就毫不犹豫地说出了自己的想法：“我想成为一名土木工程师。”父亲对埃切加赖的这个选择还是吃了一惊，他睁大眼睛注视着埃切加赖，用婉转的语言劝道：“孩子，你刚才说了些什么啊？这是你深思熟虑后的决定吗？土木工程师是最难学好的一行，更不要说它的入学考试难度了。”

埃切加赖则用坚定的语气回答说：“是的，我知道，但这没什么。我已经考虑好了，我会努力补上我欠缺的东西。别人能够做到的事情，我一样能够做到。”显然，这位品学兼优的学生想要做一番勇敢的尝试。

父亲虽然赞同儿子的勇敢，却还是为他的前途担忧，更让他感到担心的是家里的经济条件并不太好，也许不足以支持埃切加赖读土木工程专业。“但是，你知道这是一个开支很大的专业，”父亲犹豫地说道，“你也清楚咱们家现在并不是很富裕……”

充满一腔热血的年轻人从来不认为经济状况能够阻碍自己的发展，埃切加赖也是这样，他充满信心地告诉父亲：“我知道，但是其他专业的开支也不会比这个专业少多少，在马德里不管学习什么专业，花费都差不多。”随后又劝解父亲说，“我可以选择最便宜的食宿公寓寄宿，抓紧一切时间学习。如果可以的话，我还能用给其他学习困难的学生补习功课的方式来增加一些收入。总之，我会尽自己的力量来减轻家里的负担。"

既然儿子对自己的前途充满了信心，对家庭的经济状况也很了解，并且提出愿意在学习之余做一些力所能及的工作来补贴家用，做父亲的还能说什么呢，他为自己生养出这样懂事、优秀的孩子而感到骄傲。至于入学考试，儿子的聪明才智也让父亲十分放心，再加上对这第八个孩子的偏爱，最终，父亲还是同意了埃切加赖的选择："那好吧，我会用一切力量来供你上学，我也相信你不会让我失望的。"

能够得到父亲的支持，埃切加赖感到十分兴奋。儿子脸上洋溢的愉快表情让父亲想到了自己小时候的境遇——那个时候，老埃切加赖的父母亲一心希望他能成为一名神父，固执地要求孩子按照他们的意愿和铺设好的道路行进，从没有考虑过孩子自己的想法，老埃切加赖为了不违背父母的意愿，最终在忧郁和徘徊中踏进了神学院进行学习。

不过，当心中珍藏已久的梦想逐渐从现实的湖面上浮现出来之时，老埃切加赖想要勇敢一回，去追求自己的梦想。他从神学院逃了出来，却没有实现自己的人生目标，在历尽千辛万苦之后终于找到了一条可以谋生的出路，却再也找不到年轻时踌躇满志的自己了。因此，在成婚生子之后，他心里无数次地想过，一定不能让自己的儿子走自己的老路。

现在，父亲宽慰地想着：既然儿子那么坚决地想做一名工程师，那就按照他的意思去做吧，相信他一定能实现自己的诺言。而埃切加赖也十分感激父亲的理解和支持，暗自下定决心，一定要努力学习，用实际行动来证明自己的选择是正确的。

4. 重回马德里

1848年，埃切加赖做好了准备，将要在这炎炎夏日出发前往马德里，踏上求学的道路。从穆尔西亚前往马德里只有一条路线可选，就是漫长而艰辛的旱路，在炎热的夏日赶路本来就很辛苦，简陋的交通工具更是雪上加霜。这种带有棚子的大马车是一种公共交通工具，车棚里有两排硬质座椅，可以坐很多人，座椅下面则可以用来放置行李。一车厢的人加上大大小小的包裹和行李，不舒适的程度可想而知。

埃切加赖乘坐着马车在8月中旬出发，经过了大半个月的颠簸才到达马德里。旅途中的生活相当艰苦，白天除了上厕所和喂马的时间以外，马儿不停地拉着车子跌跌撞撞地轧着高低不平的土路行驶，到了晚上则在就近的小旅店里将就着休息。有趣的是，在那个年代，做这样长途旅行的乘客要在上车前祈求神灵保佑一路平安，有的人甚至因为担心路上的安危而立下遗嘱，以避免危险发生之后带来的不必要的麻烦。

马车到达马德里后停在了东大门的阿尔卡拉大街五号的"半岛客栈"，这个东大门还有一个名字——太阳门，因为东边是太阳升起的地方。虽然名字叫作太阳门，这里却根本没有什么"门"，这是因为真正的东大门早在1570年因为阻碍城市发展而被拆除了。门被拆除了，一个崭新的街心广场被建了起来，然而"东大门""太阳门"的名字却一直留在了人们的心中，经过几百年的时间人们仍然这样称呼着。

经过了半个多月的旅途颠簸，埃切加赖终于再一次站在了马德里的土地上，不禁打量起这个并不华丽却远近闻名的"太阳门"。当埃切加赖到达太阳门时，这个广场仅仅有5000平方米大小，直到5年之后才被扩建到了12000平方米大。从当时的面积和周边的建筑物上来看，太阳门广场并没有什么特别之处，不过，却有很多来自其他方面的光环使得这座广场闪耀着特殊的光芒：

当时在马德里民间有一句谚语这样说："从太阳门传出的消息比事情真正发生的时间还要早。"太阳门广场的西侧有一座名为圣费利佩的大教堂，大约从16世纪开始，这个教堂门前宽阔的台阶就成了有名的"谣言传播场"。那个时候在这个台阶前经常聚集一些在马德里游手好闲的人，他们在这里畅谈天南地北的大事小情，通过聊天在不经意之间就将各种社会新闻和来自四面八方的谣言传播了出去。

久而久之，圣费利佩大教堂门前的台阶作为"谣言传播场"的名气越来越大，以至于一些社会名人、文人、学者也经常来到这里跟着凑热闹，就连西班牙著名文学大师塞万提斯和戏剧奠基人洛佩·德·维加也曾经是这里的常客。后来圣费利佩大教堂被一场大火烧毁了，"谣言传播场"却没有消失，转而移到了广场东面的苏塞索大教堂的台阶上。直到19世纪马德里的第一张报纸问世的时候，"谣言传播场"才因为少人光顾而逐渐消失了。

除了"谣言传播场"的名号以外，太阳门广场还是19世纪初西班牙人反对法国侵略的第一战场。1808年5月2日，西班牙人民聚集在太阳门广场，开始了声势浩大的反侵略游行和起义。拿破仑的军队入侵马德里之后，想将西班牙皇室的王子们带回法国。西班牙起义人民用身体组成人墙挡住前进的马车，法军军官下令射击，手无寸铁的人相继倒地，鲜血染红了整个太阳门广场。

流血事件从广场蔓延到了马德里各个街道，民众不畏法军的暴虐，纷纷揭竿而起，用手中的刀具和其他简陋的工具与敌人厮杀，法军虽然有着先进、强大的武器装备，却在西班牙民众高昂的战斗情绪下举步维艰。战斗从清晨一直持续到了深夜，双方死伤无数，马德里的大街小巷血流成河，一时间战争的残酷场面让人惨不忍睹，西班牙人民用无畏的流血牺牲捍卫了自由和尊严。

从反对拿破仑军队的入侵开始，1809年到1814年期间西班牙爆发了第一次资产阶级大革命，通过反复的斗争建立了资产阶级和自由派贵族的军政府，并于1812年颁布了具有标志性意义的第一部资产阶级宪法。这部宪法自始至终贯穿着革命的反叛和自由精神，宣布了"主权在民"的原则，并规定在西班牙全国实行三权分立的君主立宪制度。当时这部带有重大历史意义的宪法就是在太阳门被执政的军政府代表公之于众的。

对热爱自由的埃切加赖来说，太阳门就是反抗不公平现象、宣传自由和民主精神的象征，这与他从儿时就建立起来的公平原则和追求自由的理想正好吻合。踏上这个广场的地面之时，埃切加赖仿佛看到了革命者不屈不挠进行抗争的场面，深切地感受到了革命先驱对自由的渴望和争取。现在，埃切加赖站在与革命先驱同样的地面上憧憬着自己的大学生活，不禁感到浑身充满了力量，他迈开步子，向着精彩的新生活进发。

第二章　就读土木工程学院

1. 功夫不负有心人

迫于经济压力，埃切加赖到马德里之后搬进了位于巴列斯特街的一家小客栈里居住。这家小客栈十分简陋，房间很小，陈设也简单，住的往往是初到马德里的身价卑微的闯荡者一类的人。埃切加赖在这样恶劣的环境中潜心学习，从来没有因为生活条件问题而给父亲增添额外的负担。

为了儿子能顺利考入理想中的马德里土木工程学院，埃切加赖的父亲托熟人在马德里找了一位德高望重的优秀教师给儿子单独辅导，希望能助埃切加赖一臂之力。这位教师名叫唐安赫尔·里克尔梅，他非常喜欢德才兼备的埃切加赖，总是对他照顾有加。父亲为儿子安排好一切之后便依依不舍地告别了埃切加赖，启程回到了穆尔西亚，一边照顾其他的家人，一边努力赚钱为埃切加赖积攒学费。

离别之时，父亲语重心长地对埃切加赖叮嘱了一番，除了要求儿子努力学习，争取顺利考入梦寐以求的大学以外，最主要的就是希望儿子能够照顾好自己、保重身体，毕竟这是16年来儿子第一次离开家，一个人在外打拼，身为父亲又怎么可能完全放心呢。而埃切加赖望着父亲远去的背影也暗暗下了决心，不管生活多么艰苦，考试多么困难，也一定要考上马德里土木工程学院，不辜负父亲对自己的信任。

埃切加赖在马德里的考学生活十分艰苦，除了住得简陋以外，埃切加赖的饮食也十分简单，每天只吃入住的这家小客栈提供的量少而难吃的饭菜，在他看来，只要能保证学习，吃、穿、住得差一些都没有问题。所幸的是，埃切加赖的身体十分健康，虽然吃得差些，精力却十分充沛。他每天很早就起床，唐安赫尔老师在的时候，他就抓紧一切时间向他请教各种不明白的问题；一个人学习的时候，他就钻进知识的海洋里废寝忘食。

没有了家人的照顾，埃切加赖并没有感到不方便，因为还在穆尔西亚的时候他就显得比其他同龄孩子要独立一些。不过，较差的饮食还是让他的身体日渐消瘦，为了保证足够的热量摄取，埃切加赖开始效仿处于社会底层的西班牙穷人们的方法，在衣兜里装上一些栗子，饿的时候就吃上一颗，这样可以暂时缓解肠胃的不适。在备考前的时间里，埃切加赖几乎不出门，整日待在房间里，抓紧一切时间埋头苦读。

在西班牙，莘莘学子都知道，通过马德里土木工程学院的入学考试相当困难，参加考试的人除了要具备扎实的基本知识以外，还要有很强的应变能力和独立解决问题的能力。为了锻炼自己，埃切加赖在最后的备考时间里发现问题时总是先尽量不去找老师求教，而是尝试用自己所学的知识通过各种途径解决，实在解决不了的问题也只是请老师帮忙点拨，尽量靠自己的力量做出答案，这样的训练很有成效，渐渐地，埃切加赖请教老师的次数越来越少了。

经过了一年时间的努力，1849年，埃切加赖自信满满地参加了马德里工程学院的入学考试。入学考试的竞争相当激烈，来自西班牙各地的学子们聚集在马德里一起参加考试，紧张的气氛堪比现在的高考。功夫不负有心人，埃切加赖通过不懈的努力一举成功，成绩名列榜首，顺利地被马德里土木工程学院录取了。埃切加赖在第一时间写信给父亲，将这份成功的喜悦与家人一起分享，在家辛苦攒钱的父亲为儿子感到骄傲和自豪。

埃切加赖的大学生活就这样开始了。一开始，因为家远，埃切加赖以寄宿生的身份住在了学生公寓，这里的环境比巴列斯特街的那家小客栈要好上千百倍，伙食也有了极大的改善，最重要的是，学生公寓的知识气氛是简陋肮脏的小客栈没法比的。此时的埃切加赖对自己的求学之路更加有信心，父亲也给了他经济上和生活上的最大支持。考入马德里土木工程学院之后不久，埃切加赖的父亲又带着全家一起从穆尔西亚搬回了马德里。

原本是出于节省生活开支的目的而举家回迁，让老埃切加赖没想到的是，高昂的学费和当地较高的消费水平很快就让一家人在马德里的生活变得入不敷出，埃切加赖的生活再一次陷入了困难的境地。生活上的压力加上学习上的付出，让埃切加赖逐渐感到吃不消了，因为营养不良和压力过大而一度患上了厌食症。

在患病的那段时间里，埃切加赖白天吃不下任何食物，只有到了晚上才能勉强咽下一点东西。父亲和母亲看到儿子的这种状态都担心不已，想尽办法为埃切加赖治病。他们发现埃切加赖夜晚进食的现象后，就在白天的时候将门窗紧闭并拉上厚厚的窗帘，营造出夜晚的气氛，但是这些努力并没有奏效。

正在父母为了儿子的病急得团团转的时候，有一天，埃切加赖看到家里的女佣吃豆子的时候显得十分享受，于是他让母亲端来一盘想要吃吃看，没想到，吃完这盘豆子之后他的病竟然奇迹般地好了。这实际上是因为埃切加赖患的并不是肠胃方面的毛病，而是长期的紧张和焦虑造成的神经性疾病，当这种反常的神经反射消失的时候，厌食症也就随之消失了。

2. 对戏剧的偏爱

中学时代的埃切加赖就对戏剧产生了一定的兴趣，常常到穆尔西亚的剧院去看当时上演的各种浪漫主义题材的喜剧。上了大学之后，生活更加独立的埃切加赖对戏剧的喜爱又增添了几分。在马德里东大门的太阳门广场附近有一个名为"王子剧场"的剧院，这里常常会上演各种风格和题材的戏剧。埃切加赖一有时间就会用从饭钱里省下的一点点零花钱到王子剧场买最低等的票去观看演出，尤其是不同剧本的首演，他总会尽力前去观看。

有一次，为了买票看一场他关注已久的首场演出，一直以品学兼优著称的埃切加赖居然旷课了，所幸没有被别人发现。当时一位从埃斯特雷马杜拉来到马德里的年轻人阿德拉多·洛佩斯·德·阿亚拉以写剧本为生，虽然他靠自己的一点戏剧创作天分赢得了马德里一个小文学圈子里同行的赞许，却还没有剧作被改编成戏剧登台演出过。

恰逢王子剧场正在修缮中，洛佩斯发现主持修缮工作的正是西班牙内务大臣圣路易斯伯爵，洛佩斯想，只要能够说服圣路易斯伯爵一个人，自己的剧本《国务活动家》不就能顺理成章地登上剧场的舞台了吗？洛佩斯马上给伯爵写了一封长信，信中除了推荐自己的剧本以外，更多的辞藻是用来对伯爵表示敬仰和爱戴的，这样的信当然让伯爵看了十分舒心。

受到赞扬和恭维的伯爵喜不自胜，立刻安排他的秘书——戏剧评论家马努埃尔·贾涅特对洛佩斯的剧本进行审阅并写出一份报告。有了伯爵的帮助，剧本的上演指日可待。很快，剧本审核通过，被批准上演。更让洛佩斯感到惊喜的是，剧中的主人公由西班牙当红演员拉马德里姐妹和何塞·巴莱罗等人担纲，这为他的剧本增添了不少光彩。因为有圣路易斯伯爵和评论家马努埃尔的参与，这场首演很快在马德里各大媒体上被炒得沸沸扬扬。

当时的王子剧场在修缮翻新后已经更名西班牙人剧院，从装潢到设施都有了很大的改善，称得上是西班牙当时硬件上数一数二的剧院。一方面出于对改建后新剧院的新鲜感，另一方面出于对即将上演的《国务活动家》的期盼，埃切加赖想要观看首演的心情可想而知。不巧的是，首演的时间刚好与埃切加赖上课的时间冲突，是老老实实待在学校做本分的好学生，还是触犯校规去观看自己倾慕已久的首场演出，一时间埃切加赖感到难以抉择。

经过了几天时间的思想斗争，埃切加赖最终选择了一个自己认为"两全其美"的办法：他准备用装病的方式旷课几节，然后偷偷溜出学校去看戏。这样一来，只要不被人发现，他的名誉不会受到任何影响，而落下的几节课程对他来说也不是问题，只要事后自学补上那些知识就可以了。这样打定了主意，在《国务活动家》首演的时候，埃切加赖便悄悄从学校溜了出来，匆匆赶到西班牙人剧院买票看戏。

因为囊中羞涩，加上到剧院的时候已经离开演不远了，埃切加赖只买到了位置很差的低等票。即便如此，埃切加赖还是津津有味地看完了整场演出。与媒体的争相报道相比，显然，这个剧本的首演并没有达到登峰造极的高度。不过演出还是获得了成功，埃切加赖也乖乖地回到了学校，让他感到高兴的是，他的这次"秘密行动"没有被任何人发现，同学和老师都以为他是真的在宿舍里养病呢。

在整个大学期间，埃切加赖用省吃俭用攒下来的钱买票观看过很多场戏剧首演，其中不乏很多剧作大家的优秀作品和著名演员的倾情演出。其中西班牙浪漫主义剧作家塔马约·巴乌斯的《安赫拉》《玻璃屋顶》等剧本都是埃切加赖十分钟爱的风格；而拉马德里姐妹、何塞·巴莱罗、卡洛斯·拉托雷等明星大腕是埃切加赖非常仰慕的演员。埃切加赖对戏剧的偏爱十分明显，如痴如醉地观看戏剧演出已经成为他日常生活中必不可少的一项基本内容。

除了观看演出以外，阅读剧本也是埃切加赖的一大爱好。上了大学以后，埃切加赖逐渐与同样爱好戏剧的同学莱奥波尔多·布洛克曼走得很近，后者也常常去看西班牙人剧院上演的各种戏剧演出，并且喜爱阅读小说和剧本。莱奥波尔多常常与埃切加赖一起就某一场演出或某一个剧本而展开讨论，互相发表自己的观点，交换对剧中人物和表现手法的种种意见。不过，无论是莱奥波尔多还是埃切加赖都没有尝试过自己创作剧本。

虽然对戏剧十分偏爱，埃切加赖并没有因此放松自己的大学学业。除了观看《国务活动家》时曾经无奈旷课之外，埃切加赖没有再做过任何违反校规的事情。无论是什么科目，埃切加赖都会将自己的热情投入在学习中，并善于向老师提问，不断使自己的学识变得更加完善。在讲师、教授的眼中，很少有学生像埃切加赖那样在学习上下如此苦功，马德里土木工程学院录取埃切加赖这样的好学生绝对是最正确的选择。

3. 工程师埃切加赖

　　毕竟经济条件有限，埃切加赖深切地了解父亲为了供他上大学所付出的辛苦，所以他并没有让自己对戏剧的喜爱喧宾夺主，大学课程的学习依然是他生活的重心。凭借着不懈的努力和辛勤的付出，埃切加赖终于在1853年修完了所有的专业课，通过了各个科目的考试，顺利地拿到了马德里土木工程学院的毕业证书。父亲看着从大学校园学成归来的儿子，露出了满足的笑容，4年来父子两人的努力没有白费。

　　像现在的大学毕业生一样，埃切加赖毕业之后也面临着找工作的压力。这是因为西班牙十分重视教育，每年学成毕业的学子众多，工作岗位却只有固定的那么多。即便埃切加赖读的是让很多人望而却步的工程专业，毕业后想要在马德里混口饭吃也不是容易的事。一来二去，毕业一段时间的埃切加赖竟然因为找不到工作而赋闲在家，这种尴尬的境遇着实让他感到苦恼。

　　1853年9月，在为工作的事情辛苦奔波了很久之后，埃切加赖终于找到了一份工程师的工作，然而，他不得不为了这份工作而暂时离开马德里，前往位于安达卢西亚自治区东部的格拉纳达省。埃切加赖感到十分失落，他历尽千辛万苦回到马德里考入梦寐以求的土木工程学院，省吃俭用完成大学学业，并且以优等生的身份顺利毕业，却面临离开首都马德里到外地打拼的窘境，这实在是他在考大学之前没有想过的。

但是，为了减轻家里的经济负担，埃切加赖最终接受了这份工作，并于1854年初前往格拉纳达走马上任，成了一名助理工程师。虽然并不情愿离开马德里前往异地赴任，埃切加赖对待工作仍十分认真，格拉纳达的人文历史和自然风景也十分不错，异地的情调和宜人的生活环境多多少少给了他一些安慰。

格拉纳达是一个历史悠久的地区，自从人类有历史以来就有人在这里居住。最早居住在这片土地上的是凯尔特伊比利亚人，公元前5世纪，这里被希腊人占领并更名为艾利伯格，一度成了殖民地。到古罗马统治时期，格拉纳达被统治者命名为伊利波利斯。西哥特人将这块土地作为宗教、民政的中心进行了大量的城市建设，并逐渐将这座城市建成了一个重要的军事要塞。

随着时间的推移，一群犹太人逐渐在伊利波利斯的郊区建立了名为加塔纳的社区，这个名字的意义就是"犹太人的格拉纳达"。公元711年，犹太人占领了伊利波利斯并开始了新的统治。后来这个城市先后被不同的统治者征服和更名，还曾经在11世纪初遭到毁灭性的破坏，后经过大规模的重建和修复重新建立城市，并最终定名格拉纳达。历史上的格拉纳达还曾经是一个独立的苏丹王国，地盘扩大至阿尔罕布拉宫所在的地方。

格拉纳达省的地理位置十分优越，位于最具异国风情的西班牙南部，无论是地质面貌还是气候都具有多变的特点，使得这里看上去更加充满激情。这里的海岸线隶属于亚热带，舒适而且温暖，但是，在内陆却矗立着高达三千多米的雪山，看上去巍然雄伟。典型的地中海盆地高山气候使得这里形成了十分宜居的生活环境。在摩尔人统治时期，格拉纳达出现了大量具有民族特征和宗教特性的建筑群，这些建筑为这座城市增添了一抹浓重的人文色彩。

正当埃切加赖刚刚接受了格拉纳达做助理工程师的时候，一份派遣公文不合时宜地被交到了他的手中，这次的消息更糟，他被派往交通极为不便的小地方——阿尔梅里亚工作。不过，反正不是马德里，在哪里工作都一样，埃切加赖接到公文之后没有耽搁时间，直接打包行李去了阿尔梅里亚，因为交通不便，他只能用骑马的方式独自踏上行程。所幸的是，这种原始的交通工具能够让他充分地领略到各种引人入胜的风景。

到达阿尔梅里亚之后，埃切加赖被分配到公路部门做公路养护工作，这着实让苦读多年的埃切加赖感到无奈和失望。阿尔梅里亚只有一条大概五公里长的公路，这样一条不起眼的公路竟然要占用一位成绩优异、胸怀大志的工程师，实在是有些说不过去。埃切加赖的日常工作更加无聊，仅仅是巡视公路，别无其他。

工作上不得志的埃切加赖只能将用不完的精力放到生活和业余爱好上，在阿尔梅里亚的日子里，他一有时间就到各地游玩，安达卢西亚地区的各个城市都是他旅游的目的地。埃切加赖先后去了塞维利亚、直布罗陀、加的斯、马拉加等地，还曾经到格拉纳达故地重游，领略不同城市的自然美景和人文气息。

除了旅游，阅读是埃切加赖这段时间最大的爱好，荷马、歌德、巴尔扎克的作品是他最喜欢的，文学作品带给他的快乐和领悟是其他东西无法比拟的。埃切加赖开始逐渐适应了这种身处异地、自由自在的生活，早就对回到马德里不抱任何幻想。正在这时，1854年中，埃切加赖意外地收到了第三次派遣公文，这一次的目的地竟然是马德里！埃切加赖感到自己本已暗淡的人生忽然之间充满了光明和希望，他立刻打点行囊，出发返回马德里。

4. 革命的硝烟

带着对马德里的思念和憧憬，埃切加赖用最短的时间料理好公路养护剩余的工作和该交代的事情，与在这里交上的几位好友匆匆告别，以最快的速度返回马德里。在路上埃切加赖使用了各种交通工具，最后一种是像当年前往马德里备考大学时一样的带有大棚子的马车，虽然旅途依然颠簸，埃切加赖的心情却十分愉快，他只希望马车可以尽快到达太阳门，好让他尽早地踏上马德里的土地。

不过，好事多磨，当埃切加赖乘坐的马车即将驶入小镇阿兰胡埃斯时，意想不到的麻烦来了。这件事情还得从西班牙的资产阶级革命说起。

从19世纪初开始，出于对外来侵略者的抵抗和对本国封建势力的反抗，西班牙资产阶级前后共掀起了6次革命斗争。第一次革命发生在1809年，从拿破仑的侵略战争开始直到斐迪南七世复辟为止；随后的几次革命在侵略、反侵略、复辟的怪圈中循环；到了1854年，首都驻军再一次揭竿起义，各地纷纷建立革命政权，宪法被一次又一次地重新制定和颁布，反动势力也不遗余力地对起义者进行血腥镇压。

这次革命的起因是人民对宪法中压制、剥削平民的条款十分不满，1840年，昏庸无道的女王克里斯蒂安娜被赶下王位之后，她的女儿伊莎贝尔在1843年封建王朝复辟之后继承了母亲的王位。年仅13岁的伊莎贝尔完全不懂得治理国家之道，只是依靠一些奸佞的大臣出谋划策在国家政权上恣意妄为，在这些大臣之中，首相圣路易斯伯爵作为女王的情夫而在朝廷之中最为乖戾、张狂，一上任就独断专行地修改宪法，置人民于水深火热之中。

圣路易斯成为首相之后，对抱有改革思想的大臣视而不见，坚持封建专制，不允许任何人为资产阶级的利益说话。时间一长，政府与人民之间由于宪法而产生了积怨，一些资产阶级上层人士开始计划通过宫廷政变逼迫女王修改宪法，具体的办法就是废除首相圣路易斯，推举思想进步的人担任这个职务以为修改宪法创造条件。

1854年2月，萨拉戈萨的军队爆发了起义，要求更换首相、修改宪法，不过，这次起义因为缺乏人民的支持而很快被镇压下去。得意的圣路易斯将苛捐杂税提高到一个新水平，并下令必须在半年之内全部征收完毕，这直接引起了人民最为强烈的反对。

1854年6月底，骑兵司令杜塞尔领导军民开始了又一次大规模的起义活动，女王立即派兵镇压，两军在马德里附近展开了激烈的厮杀，虽然未分胜负，起义军却不得不将队伍撤至阿兰胡埃斯镇暂时驻扎，等待全国更大范围的资产阶级革命者的响应。为了赢得更多民众的支持，起义军很快草拟了曼萨纳雷斯革命纲领，为民众的革命指引方向，这个纲领一出就得到了全国十几个城市的积极响应，各个地方政府纷纷成立了国民自卫军，与封建政权抗衡。

在这次革命中，马德里作为西班牙的首都成了反封建政权的中心城市，人们纷纷走出家门，在街上集合进行盛大的游行示威活动，高呼革命口号，并合力将女王的王宫和首相圣路易斯的住宅捣毁，圣路易斯被迫辞职并逃亡外国。顽固的女王不肯屈服，虽然已经撤离市中心的王宫，却依然派维护封建势力的大将军对游行民众进行了极为血腥的杀戮和镇压，一时间镇压和起义之浪此起彼伏，整个马德里迅速变成了血流成河的战场。

　　1854年开始的这一次西班牙资产阶级大革命发生之时正是埃切加赖往返于格拉纳达、阿尔梅里亚和马德里之间的时候，由于这次革命是从马德里发源的，革命引发的战争对埃切加赖返回马德里造成了一定的阻碍。埃切加赖的马车刚刚行至阿兰胡埃斯镇附近就看到马车和骑兵迎面而来，并快马加鞭地从他的马车旁边经过，车夫拦下一辆马车询问情况，得知起义军和镇压者已经将马德里变成了血海汪洋，只能暂时停止行程，转而到阿兰胡埃斯镇稍作停留。

　　当时的阿兰胡埃斯是由起义军首领罗斯·德·奥拉诺领导，他命令手下严把进出马德里的各条道路，不准可疑人物进入马德里。走在街上的行人常常被起义军的士兵拦下盘问和搜身，想要进入马德里的任何人都必须持有奥拉诺下发的通行证才能被放行。在这种情况下，埃切加赖想要回到马德里就成了泡影。

　　所幸的是，当得知领导者是奥拉诺时，埃切加赖忽然想起这位将军与自己的父亲是有一些交情的，于是，他抱着试一试的态度求见奥拉诺，希望可以得到一张珍贵的通行证。奥拉诺热情地接见了埃切加赖，并给他开具了一张进入马德里的通行证。阿兰胡埃斯刚刚修建了一条铁路，作为工程师的埃切加赖很想乘坐从来没有见过的火车前往马德里，却被告知为了避免意外发生，火车暂时无法载客。

　　最终，在一位好心军官的帮助下，埃切加赖终于顺利地回到了马德里。那位军官之所以愿意帮助埃切加赖是想拜托他为自己在马德里的新婚妻子带个平安的消息，埃切加赖一到马德里便去拜访了这位年轻的夫人，将她丈夫的情况详细说明了一下。

　　随着时间的推移，革命的硝烟渐渐散去，新的宪法被颁布，埃切加赖在马德里的新生活也开始了。

第三章　在马德里的新生活

1. 年轻的数学教授

通过各种努力，埃切加赖终于回到了西班牙首都马德里，战乱平复以后，埃切加赖立即开始了在马德里的新生活。从阿尔梅里亚被调回马德里之后，23岁的埃切加赖就以学院秘书的身份进入了母校马德里土木工程学院，除了处理学院秘书的各种工作以外，埃切加赖还担任了应用力学、微积分学、水力学等几门学科的讲师。

在马德里土木工程学院任教初期，埃切加赖对数学一直保持着浓厚的研究兴趣，没有工作的时候，他经常待在学校的图书馆里阅读各种数学研究文献，不断增加自己在数学方面的知识和见识，不久，埃切加赖成了土木工程学院有史以来最年轻的数学教授。除了数学以外，埃切加赖与加夫列尔·罗德里格斯的交往还使得他对自由贸易产生了极大的兴趣，并展开了较长时间的详细研究。

加夫列尔·罗德里格斯当时也是马德里土木工程学院的一位讲师，他兴趣十分广泛，擅长研究政治、经济问题，并且长于辩论。埃切加赖在图书馆备课时常常能见到来图书馆查阅资料的罗德里格斯，两人虽然年龄有差别，却曾经是同窗，现在更借机成了无话不谈的好朋友。罗德里格斯喜欢参加各种与时事相关的活动，有一段时间他对自由贸易和贸易保护主义非常感兴趣，并常常在与埃切加赖交谈时将自己对自由贸易的看法和研究成果说给他听。

在早期的世界经济中，保护贸易是一切国家之间贸易往来的基本平台，各国纷纷通过征收关税、制定准入条件等方式对本国的工业和农业经济进行保护，防止外国大资本家在本国赚取高额利润以致影响本国资产阶级的发展。

从18世纪起，工业的发展和进步使得古老、传统的英国一跃成为欧洲经济最为发达的国家之一。1846年，英国政府宣布放弃糟糕的农业保护政策《谷物法》以及其他陈旧的重商主义条款，世界经济从此掀起了一场"自由主义"之风，自由贸易逐渐登上了经济发展的历史舞台。英国人在这个时候站起来试图打破传统的贸易陋习，倡导自由贸易，证明了自由市场和自由贸易的优越性。从那以后，自由贸易这个词汇开始风靡欧洲政界和经济圈。

在19世纪初欧洲经济发展的早期阶段，西班牙对进口贸易制定了十分苛刻的条件限制，使得外国产品很难出口到西班牙。这表面看来是对西班牙本国经济的保护，实质上则大大限制了西班牙国际贸易的发展，因此，当自由贸易的春风吹入西班牙时，很多经济专家以及对此感兴趣的学者都纷纷参与到对自由贸易和贸易保护主义的研究之中，埃切加赖的这位同事罗德里格斯就是其中一位。

毫无疑问，罗德里格斯是自由贸易的坚定支持者，他对自由贸易的研究和支持对埃切加赖产生了很大影响，使得埃切加赖第一次抛开纯粹的理科学说，将目光投向社会经济发展领域。此后，他一有时间就经常出入马德里的证券交易市场，参加那里所举办的各种与贸易相关的集会，与很多学者和资本家一起探讨自由贸易的重大意义。

除了研究自由贸易之外，在工作之余，埃切加赖仍然保持着对戏剧的偏爱。他在学校的上班时间很有规律，下午4点钟下班之后如果没有其他事情，荷包渐满的埃切加赖就会买上一张戏票，到剧院观看正在上演的新戏剧。时间长了，埃切加赖干脆花钱在剧院租了一个包厢，一有空就到里面观看各种戏剧。这个时期，能够打破传统的新派戏剧最能得到埃切加赖的喜爱，其中一部名为《为名誉而战》的新剧为观众所唾弃，而埃切加赖却十分赞赏。

埃切加赖的好友莱奥波尔多此时正在马德里，两个趣味相投的好朋友经常一起看戏、讨论时下流行的剧本。一天，莱奥波尔多突然提议要跟埃切加赖一起尝试着创作一个剧本，这让埃切加赖感到既兴奋又紧张。长期以来，埃切加赖一直保有对剧本创作的欲望，但是，从来没有将这种欲望付诸行动。现在，当莱奥波尔多给出这样的提议时，埃切加赖终于鼓起勇气想要进行一次剧本创作。

埃切加赖与莱奥波尔多一起拟定了剧本的题目——《堕落的女人》，并写好了创作大纲，然后便开始分头进行创作，再把各自的剧本放在一起对比，取其精华、去其糟粕，就这样，一个让两人感到惊喜和自豪的剧本出炉了。他们先是抱着试试看的态度将剧本拿给两位同学看，并获得了很大的好评，其中一位同学还主动提出将剧本拿给剧院管事的人看看能不能编排成剧上演，这着实让埃切加赖大大地兴奋了一回。

不过，剧本被送到审阅人那里后虽然得到了类似敷衍之词的几句"还好"的评价，却并没有像作者想象中那样受到肯定和赞赏，更不用说编排成戏剧演出了。这件事情给了埃切加赖不小的打击，让他在很长时间里都没有勇气再次进行剧本创作，转而将全部精力放在了学校的日常工作和课题研究上。

2. 弟弟的戏剧天才

在第一次尝试创作剧本失败之后，莱奥波尔多因为工作调动的原因暂时离开了马德里，没有人与自己一起畅谈文学，埃切加赖对戏剧的兴趣一下子减少了一大半，加上他对自由贸易理论的迷恋，很长一段时间里，戏剧都被他抛在了脑后不闻不问。但是，或许是因为"缘分未了"，埃切加赖弟弟一次成功的剧本创作再次激起了他对戏剧的无限热爱，使得埃切加赖又有了自己创作剧本的想法。

埃切加赖的弟弟米格尔·埃切加赖从小就十分喜爱文学，更为重要的是，米格尔愿意为自己的这个爱好投入大量的时间和精力，并且勇于将自己的想法付诸实践，很小就开始尝试着独自进行剧本创作。除了大量阅读名家的剧作之外，米格尔还常常去拜访戏剧界人士，与他们交流剧本创作和戏剧编演方面的经验和看法，通过取其精华、去其糟粕的方式不断完善自己的文学创作，小小年纪就已经在马德里的戏剧界小有名气了。

在埃切加赖的观念中，生活现实是不能被忽略的部分，为了生存，他必须勤奋学习、从事有头有脸的正式工作，以此来证明自己的价值。然而，弟弟米格尔与哥哥完全不同，他没有埃切加赖那样缜密的思维，既不喜欢被朝九晚五的工作束缚，也不愿意将精力分散到众多不同的兴趣爱好中去，他最喜欢做的就是阅读、讨论和创作不同的剧本，想要通过这种执着的追求实现自己成为戏剧大家的梦想。

　　因为忙于工作和各种研究，埃切加赖平时很少有机会跟家人在一起谈天说地，与弟弟米格尔见面的机会也很少。虽然两人都不同程度地喜爱戏剧文学，但是由于各有各的生活圈子，很少在一起交流这方面的话题。埃切加赖知道米格尔在剧本创作方面下了很多功夫，不过，经历过创作失败的他并不认为学识比自己差的弟弟能在这方面有什么真正的作为，在他看来，弟弟不过是仗着年轻气盛做一些无谓的尝试而已。

　　不过，事情的发展逐渐超出了埃切加赖的想象。有一天，很久没有谋面的埃切加赖和米格尔见面了，米格尔告诉哥哥，自己有一个已经完成的剧本得到了演出的机会，正由著名演员克罗地尔德·鲁比阿和胡安·卡塔丽娜排练，不日将登上西尔克剧场的舞台进行首演。这个消息让埃切加赖感到十分意外和震惊，他不敢相信自己没有实现的愿望竟然被整日游手好闲的弟弟实现了。

　　米格尔的这部作品名为《正面，还是反面》，从剧情到风格都迎合那时候观众的审美观念和戏剧胃口，而调侃性的戏剧风格也十分容易让各年龄段的观众接受。《正面，还是反面》的首场演出十分成功，观众对这部戏的欢迎和评论家对它的认可为年轻的米格尔赢得了极大的成就感和荣誉感，从此，他正式踏入了剧作家的职业生涯，应时应景地创作了许多广受欢迎的戏剧作品。

　　弟弟在戏剧创作上的成功给了埃切加赖新的希望，他一方面为米格尔的成功感到欣慰，另一方面又重新审视自己对戏剧的喜爱和未了的创作热情。埃切加赖开始思索弟弟的成功之路，调整好心态，逐渐从第一次尝试性戏剧创作的失败阴影中走了出来。

　　米格尔擅长创作传统的诗句，埃切加赖也开始将注意力放在了诗歌和诗剧的创作之上。虽然自中学开始就十分偏爱理科，大学读的也是土木工程，但是埃切加赖在文学方面还有一些天分。随着信心的逐渐恢复，埃切加赖盘算着摒弃一切杂念再进行一次不遗余力的创作，不过经历过上一次的失败，埃切加赖想要秘密地进行，以防止外来的不良因素再次影响自己的创作热情。

一天，埃切加赖独自待在父亲的书房里，忽然灵感乍现，他赶快找出纸和笔，伏在桌子上写出了一个还没有名字的剧本大纲，仅仅用了半小时的时间就将一个三幕剧的基本提纲列在了纸上。此后，埃切加赖一有时间就按照列出的提纲进行这部诗剧的创作，但由于不熟悉诗歌的韵律和格式，埃切加赖没少走弯路。不过，这些困难并没有阻碍他的创作，埃切加赖用满腔的热情克服了诗歌创作上的障碍，努力使这部诗剧看起来更加完美。

有生以来所有的戏剧灵感在此刻集中爆发，埃切加赖很快就写完了这部诗剧的第一幕。受浪漫主义戏剧的影响，埃切加赖创作的这部诗剧渗透着明显的悲剧情怀，情节紧凑而惊险，以至于作者自己读起来都感到荡气回肠。不过可惜的是，由于学校里的工作任务越来越多，加上其他事务不合时宜的干扰，埃切加赖仅仅完成了三幕剧中的第一幕就不得不暂时将它搁置下来。

弟弟的戏剧天才激发了埃切加赖的创作热情，虽然对这部诗剧的创作暂时中止了，他的心里却充满了创作的满足感，他将自己对这个剧本的构思和创作看作是对从来没有接触过的诗剧的一种尝试和练习，至少到写完第一幕的时候为止，他对自己的创作还是十分满意的。

3. 婚后的生活

回到马德里之后的埃切加赖工作顺利、生活稳定，已经二十多岁的他很快到了娶妻生子的年龄。1857年11月16日，埃切加赖与相恋一段时间的未婚妻安娜·佩费克塔·埃斯特拉达完婚。安娜的祖籍是奥维耶多城的阿斯图里亚斯，身上流淌着西哥特人的血液。

安娜用自己美丽动人的容貌和温柔体贴的性格赢得了埃切加赖的爱。她的姓氏"佩费克塔"在西班牙语中的意思是完美无缺，在埃切加赖的眼中，这位脸上常常洋溢着健康、美丽笑容的阳光女孩正如她的姓氏那样完美。两人的婚礼选在马德里有名的圣塞瓦斯蒂安大教堂举行，这里恰好是埃切加赖出生时接受洗礼的地方。婚礼过程严肃、隆重，两个相爱的人从容宣誓，承诺会相守到永久，正如他们婚后的表现一样。

埃切加赖对妻子十分疼爱，安娜对他也是照顾有加，两个人都尽力用最大的爱去包容和理解对方。婚后不久，安娜为埃切加赖生下了一个乖巧、可爱的女儿，第一次为人父母让两个年轻人兴奋不已，他们为孩子取名安娜，与她的母亲一样，希望她长大后能像母亲那样出落得端庄、美丽。

虽然已经结婚生子，但是埃切加赖的工作还是老样子，收入也并没有增加，虽然他作为学院秘书还兼任很多学科的教授，但是扣除各种杂费之后实际拿到手的工资并不是很多，加上女儿的出生，家庭开支逐渐增加，生活费入不敷出的情况出现得越来越频繁。不过，在很长一段时间里埃切加赖并不知道家庭开支的情况，因为这些都是由家里的一把手——妻子安娜管理和支配的。

安娜十分贤惠，她想凭借自己的持家能力尽量让丈夫的工资正常地支撑这个家，但是，这些工资面对吃穿用度是够了，却不足以为家庭在扮演社会角色过程中的各种应酬埋单。逐渐感到压力的安娜不得不将家里的经济情况告诉给整日忙于工作的埃切加赖，这时候埃切加赖才知道妻子的难处，他一方面为娶了这样一位精打细算的妻子而感到欣慰，另一方面也开始为家里的经济情况而担忧和着急。

埃切加赖和妻子对着家庭收支账本进行了一番研究，作为数学教授的男主人不得不接受生活费入不敷出的现实，他一边安慰妻子不要着急，一边绞尽脑汁寻找额外的赚钱机会。从职位的角度来说，二十多岁就当上土木工程学院的秘书已经让其他年轻人望尘莫及，现在马上升职是不太现实的；从授课的角度来说，埃切加赖已经把学院里他能教的那些空缺科目都占上了，想要在这方面赚些钱难度也不小。

思来想去，埃切加赖觉得目前要想快速解决家里经济拮据的困境只有一个办法可行——在课余时间为学生开办补习班，赚取补课费。很快，埃切加赖将自己准备开办补习班的想法告诉了他的学生，学生们仰慕这位年轻的数学教授，纷纷要求加入这个补习班，到了补习班正式开课的时候已经有超过100名学生报了名，这个补习班简直可以称得上是一个补习学校了，这让埃切加赖着实喜出望外。

开办补习班的方式让埃切加赖快速地解决了家里的经济危机，妻子安娜甚至惊喜地发现在扣除生活费用之后，还能有不少剩余的钱被存下来。虽然埃切加赖在学校和补习班之间来回奔波、忙得不可开交，但是生活条件的明显改善让他觉得充满了干劲，一家三口的生活眼看着越来越红火。

正当夫妻两人为了埃切加赖开办补习班这个"明智之举"感到开心之时，麻烦随之而来：当时西班牙对大学教师私自开办补习班是不支持的，甚至认为这是一种腐败现象。当埃切加赖的补习班业务开展得红红火火之时，马德里土木工程学院的校长卡里斯托·圣塔闻风将埃切加赖请到了办公室，对他的这一举动表示了不满。

校长摆出一张严肃、阴沉的脸，语气沉重地质问埃切加赖为什么不经过批准就开办补习学校。埃切加赖据理力争，不明白为什么其他教师这样做的时候没有人提出质疑，而自己刚刚开办补习班两个多月就受到了质问和警告。但是，埃切加赖的争辩显然是没有用的，或许是因为他的"生意"太好了，以至于校方荒谬地怀疑作为教授的埃切加赖是否将考试内容泄露给了花钱补习的学生。

埃切加赖不愿意就这样切断好不容易想出来的补贴家用的赚钱途径，试图跟校长就补习的本质进行辩论，但是校长却完全不领情，直接搬出教育部下发的文件条款，明确地告诉埃切加赖他必须取消已经开办了两个多月的补习班。

感到遭受不公平待遇的埃切加赖心中又气又急，考虑到自己在学校赚的薪水还不如私下开办补习班的收入多，他毅然向校长提出辞职，校长却摆出一副让人不愉快的态度：既不接受埃切加赖的辞呈，也不允许他继续开办补习班。这件事最后闹到了教育部，却也没有得出结果。

无奈之下，埃切加赖只好继续待在学校，失去了补习班的经济来源，一家人的生活再次陷入了尴尬的局面。

4. 经济拮据下的创作尝试

单纯的小伙子埃切加赖从来没有想过自己的薪水会不够维持一家三口正常的生活，这个问题着实让他伤脑筋。好不容易找到的赚钱路子——开办课余补习班，又被当时的教育制度无情地取消了。还是这样的一家人，还是从前的教学工作，如何能在不违规的情况下、在自己力所能及的范围内找个赚外快的活计呢？埃切加赖突然想到了弟弟，米格尔的剧本被选中在马德里的剧院公演，不是很轻松地就赚到一笔钱吗？

弟弟米格尔在戏剧上的成功创作让埃切加赖再一次看到了希望，作为戏剧爱好者，埃切加赖认为自己也有能力进行独立创作，如果运气好的话，这也不失为一种赚钱的方式，况且这正是他的业余爱好。与弟弟米格尔相比，埃切加赖的文化教育更加完善，生活经历也要丰富一些，见多识广的他对自己即将做的事情充满了信心，即使上一次创作失败留下的阴影还在，埃切加赖依然坚定地希望开始再一次的创作尝试。

作为天生的行动派，同时迫于家里窘迫的经济状况，埃切加赖很快把创作戏剧这种赚外快的工作付诸实践了。如果想要迅速在剧本创作上赚钱，不能一上来就写一些需要耗费大量时间和精力的长篇巨著，于是，短小精悍的独幕剧成了埃切加赖此时的最佳选择。还在马德里土木工程学院上大学的时候，埃切加赖就十分喜欢阅读一些情节惊险、刺激的小说，现在，小说中的写作素材和所使用的创作手法都可以为埃切加赖的剧本创作提供帮助。

　　独幕剧是戏剧作品中常用的一种简单的创作形式，在独幕剧的创作中，全剧的所有情节都在一幕内完成。这种形式缩短了剧本创作的篇幅，因而情节、思路会更加清晰，结构更加紧凑。就像一曲节奏鲜明的交响乐，独幕剧中从开始到高潮再到结局都在忽缓忽急的节奏中一气呵成地完成，戏剧中的冲突和矛盾总是迅速地展开，形成高潮之后戛然而止，得出一个让人印象深刻的结局。独幕剧以短小精悍见长，能迎合大多数观众的认可和喜爱。

　　埃切加赖之所以选择独幕剧，是因为可以在短时间内创作完成，又因为紧凑、惊险的情节更能吸引读者和观众，还有一个原因就是不分场次的独幕剧不需要频繁换布景，而且往往所需演员也不多，埃切加赖认为这样的剧本更容易被推销出去。事实上，当时在马德里潜心进行剧本创作、期待有一天能一举成名的年轻人大有人在，马德里的剧团几乎每天都能接到水平不一、风格迥异的各种题材的剧本，因此，想要博得剧团的青睐并不是一件容易的事。

　　因为之前有过同好朋友莱奥波尔多一起尝试创作剧本的经历，加上弟弟米格尔的作品首演成功后埃切加赖曾经热情地投入诗剧创作和练习之中，虽然已有一段时日没有提笔，埃切加赖却并没有对剧本创作感到生疏。从草拟独幕剧大纲到动笔进行具体内容的创作，埃切加赖感到身体里充满了一种力量，他将所有的业余时间都花在了戏剧创作上，甚至一度忽略了温柔的妻子和可爱的女儿。

　　同时担任多学科的教学工作，埃切加赖在学校中很难挤出时间用在他的剧本创作上，因此，下班之后的时间就成了他集中创作的时间，他常常为了完成一段有灵感的创作而写作到深夜，这使得他的身体状况逐渐变得糟糕。与此同时，在创作的初期，埃切加赖始终没有完成一部像样的作品，他甚至没有情绪为那些未完成的作品命名。这种费力不讨好的创作着实让埃切加赖感到辛苦和愤懑，但是他还是鼓足勇气坚持着，希望可以得到一个好的结果。

由于睡眠不足和疲劳过度，加上来自家庭经济的巨大压力，埃切加赖的身体终于支持不住，十分不幸地患上了轻度脑溢血。妻子安娜十分担心丈夫的身体，想尽办法帮助埃切加赖减轻来自家庭的负担，好让他能感到轻松一些。医生也告诉埃切加赖，他必须停止手头的工作——尤其是容易用脑过度的文学创作，安静地躺在床上静养一段时间。虽然十分不情愿，埃切加赖还是在医生的叮嘱下同意在家里休养一段时间。

在生病的这段时间里，埃切加赖终于可以休息一下、放松紧绷的神经了，他可以不去考虑工作上的事情，专注地陪女儿一起玩游戏，享受天伦之乐，妻子安娜也比从前更加温柔体贴，给予丈夫无微不至的关怀和照顾。但是，家庭生活的重担总还是压在埃切加赖的肩头，病情好转之后，他很快投入了正常的工作之中，同时，在工作之余，他也没有放弃创作剧本的想法。

虽然之前的创作尝试都没有收到好的结果，埃切加赖还是希望能够在这条路上走得远一些。为了能够写出让自己满意的剧本，埃切加赖放弃了从前那种闭门造车的创作方式，转而花时间去阅读戏剧名家的作品，同时不断磨炼自己的诗剧写作水平，对写出的每一句诗词都要进行反复推敲和思考，尽量做到完美。埃切加赖的心中始终抱有一个美好的希望，认为自己会像考入大学一样通过努力在文学道路上取得一些成果。

第四章 从科学家到政治家的转变

1. 频繁地出国考察

埃切加赖失去办补习班这个赚钱机会之后，想通过创作剧本来赚钱的想法也迟迟没有得出任何结果，眼看家中的经济状况越来越窘迫，夫妻俩不得不竭尽全力节省家里的日常开支。正在这个时候，在学校的工作中表现出色的埃切加赖被选派到国外做一次学术考察。校长向埃切加赖详细介绍了此次出国考察的旅程——先是到西班牙境内的帕尔马斯沙漠观看日食，然后前往阿尔卑斯山，考察那里的塞尼山隧道工程。

除了工作以外，埃切加赖被允许顺路到欧洲几个主要国家参观和旅游，更让埃切加赖感到惊喜的是，学校为这次出差提供了优厚的经济补助，并且并不限制埃切加赖带一些人随行——在差旅费够花的情况下。实际上，校长向埃切加赖开出如此优厚的条件是有一些私心的，上一次因为开办补习班的事情两人曾经闹得非常不愉快，埃切加赖甚至一度提出辞职，不过没有得到校方的批准，理由是像他这样年轻有为的教师很不好找。

虽然这个出国考察的任务并不能为埃切加赖的家庭带来财富，却能够为他与安娜平凡、简单的生活增添一抹新鲜的色彩。原本埃切加赖还因为没能跟妻子一起度蜜月而自责不已，现在有了这个机会，两个人终于可以一起过一段二人世界的甜蜜生活了。埃切加赖兴冲冲地回到家里，迫不及待地把这个好消息告诉了妻子，妻子听后也感到十分开心，问清出发的时间之后就开始将家中的一切事宜料理妥当，很快收拾好外出旅游的行李。

夫妻俩愉快地上路了，这次出国考察的行动俨然成了一趟欧洲旅行。他们的第一站来到了西班牙巴伦西亚自治区北部的卡斯特利翁省，这个省西邻地中海，风景优美、气候宜人。帕尔马斯是卡斯特利翁省西部海域中群岛里的一个岛，虽然只是岛屿，面积却不小，有着"小大陆"之称。帕尔马斯岛上海滩很美，岛上的小型沙漠又使它显得那么与众不同。

埃切加赖的第一个任务就是在这个沙漠观看罕见的天文现象——日食，然后撰写一份相关的学术报告。在那个年代，很少有人能够有这样的机会在如此空旷的环境下观测天文现象，更不要说是难得一见的日食。

无论是对科学家还是对普通人来说，天文现象都是那么诡秘而美丽，埃切加赖和妻子一起观看了如此壮观的自然现象，内心受到了极大的震撼。埃切加赖迅速赶写了一篇充满激情和对自然赞美之意的科学论文，并在第一时间寄回了马德里。完成了这项工作之后，夫妻俩与随行的几位土木工程学院的学生会合，一起乘船前往马赛。

阳光、海滩、游轮，这些美不胜收的景色让埃切加赖和妻子安娜着实体验了一把旅行的乐趣，不过，或许是因为从来没有进行过海上航行，晕船也把两个很少出门的人折磨得够呛，幸好有同行的几位学生细心照顾，最终总算是平安到达了法国最大的港口城市——马赛。

作为法国最古老的城市，马赛散发着浓厚的历史气息。公元前600年，来自希腊的福西亚人在这片土地上建立了一个贸易港，用于停靠往来的运输商船。随着越来越频繁的贸易往来，这个港口逐渐繁荣了起来，形成了初具规模的城市。

关于福西亚人对马赛的开发还有一个有意思的传说：相传福西亚人普罗提斯在为希腊寻找新的贸易港时无意中发现了位于地中海的一处洞穴，这里地形奇特，并且有淡水资源。当地有一个酋长统治的部落，普罗提斯被酋长看中而招为女婿，婚后他将自己与新婚妻子的家搬到了内陆的一处山上，并逐渐建立起马赛这个城市。

不管怎么说，马赛靠海的地理位置为这座城市迎来了得天独厚的发展条件，在上千年的发展过程中，马赛一直被视为重要的贸易港口甚至是军事要塞。到18世纪中期，统治者逐步加强了马赛港口的防御设施，将这里建设成法国在地中海最为重要的军事港口。到了19世纪，这座古老的城市又因为工业突飞猛进的发展而被注入了新的活力。与此同时，法兰西帝国的迅速崛起和法国政治领土的不断扩张，也使得作为重要贸易港口的马赛更加繁荣。

埃切加赖夫妇来到马赛之后被这里的繁华的城市景象所吸引，体会到了工业创新和发展为城市带来的巨大改变，这一点作为工程专家的埃切加赖体会得更加深刻。考察组没有在马赛多做停留，而是很快启程前往法国的欲望都市——巴黎。作为法国的首都，巴黎的繁华程度自然不必多说，更为吸引人的是巴黎人民用自由、奔放的生活理念营造的欢快气氛，这一点是欧洲其他城市无法比拟的。

离开法国之后，埃切加赖一行人先后去了英国和意大利，感受了不同的异国风情，并在意大利顺利地完成了对塞尼山隧道工程进行考察的任务。考察任务完成之后，埃切加赖回到英国都灵，从那里乘船回到了西班牙，并迅速完成了一份考察报告交了上去。此后的几年时间里，埃切加赖陆陆续续接受了多次出国考察的任务，在提高本职工作能力的同时丰富了人生阅历，为他后来的文学创作打下了一定的生活基础。

2. 对戏剧创作的向往

此时埃切加赖身兼教授与科研人员的双重身份，工作变得更加忙碌，生活水平也逐渐有了改善。自从经济拮据的时候重拾了对戏剧创作的兴趣之后，虽然并没有写出能够换取生活费的剧本，埃切加赖却将这份创作热情持续了下来，一有空闲的时间他就会积极地构思新的剧本框架，然后利用零碎的时间一点点为框架添上血肉，沉浸在创作的乐趣之中。

借着到欧洲各国科研考察的机会，埃切加赖游历了很多历史悠久的国家，体会了不同的风土民情。像很多有识之士一样，在游历的过程中，埃切加赖也记录下了旅途中的各种见闻，希望回国后可以整理成游记之类的小册子。这个想法最终并没有实现，但是，不断积累的生活见闻为埃切加赖的戏剧创作提供了极好的素材。

1860年，埃切加赖经过长时间的构思完成了一部独幕诗剧，命名为《新生的太阳和死亡的太阳》。在埃切加赖看来，这是一部还算不错的作品，如果介绍给剧团的领导看的话，说不定可以立即排练而在剧场演出呢。不过，在这一方面，埃切加赖始终不愿意迈出"求人"的步伐，担心剧本被拒绝会让自己颜面扫地。

机缘巧合，与埃切加赖共事并颇有交情的经济学家罗德里格斯教授阅读了《新生的太阳和死亡的太阳》，并被剧本中精彩的故事情节所吸引，表示愿意帮助埃切加赖联系演员和导演。罗德里格斯将这个剧本介绍给了当时的著名男演员华金·阿霍纳，后者在仔细阅读了剧本之后给了中肯的意见，不出埃切加赖所料，这个剧本虽然得到了业内人士的认可，却依然无法在众多作品之中独树一帜，没有获得任何可以编排演出的机会。

心有不甘的埃切加赖鼓起勇气询问罗德里格斯关于演员阿霍纳的具体意见，感到不能苟同的他通过关系找到了当时西班牙的著名学者奥雷利亚诺·费尔南德斯·格拉，请求他阅读《新生的太阳和死亡的太阳》这个剧本并给出意见。与演员阿霍纳不同，对文学颇有研究的学者费尔南德斯看过剧本之后对埃切加赖的作品大加赞赏，认为这是一个很不错的剧本。这个回答让埃切加赖重新振作起来，更加坚定地走在剧本创作的道路上。

在埃切加赖看来，他有能力创作出好的文学作品，只不过这些不流俗的剧本并不一定能得到当时各个演出团体的青睐，在这种情况下，只要他不断积累更多的写作素材，总有一天能写出两全其美的作品来。

1864年，埃切加赖的好友莱奥波尔多回到了马德里，两个好朋友一见面就迫不及待地重新拾起了剧本创作的老话题。埃切加赖把自己的创作拿给莱奥波尔多阅读，后者认为他的写作技巧有了不小的提高，并提议两人再次合作创作一个剧本。这个时候，莱奥波尔多因为与金融家萨拉曼卡侯爵发生了矛盾而产生了创作金融家题材剧本的想法，一方面可以再次尝试剧本创作，另一方面可以借此讽刺一下萨拉曼卡侯爵。

不明就里的埃切加赖当即同意了朋友的建议，两人开始联手打造名为《银行家》的剧本，并约定第一幕由埃切加赖负责、第二幕由莱奥波尔多负责、第三幕两人平分。《银行家》在很短的时间里就被创作完成，埃切加赖十分喜爱这个剧本，认为这是他多年来写得最好的一部作品了。不过，出于种种原因，尤其是政治方面的因素，这部作品并没有得到排演的机会，埃切加赖便把它锁在了抽屉里。

从这以后，埃切加赖不再像从前那样急功近利了，而是用平稳、豁达的态度面对自己的写作，从容不迫地创作了一部名为《私生女》的剧本，剧本完成之时，时间已经来到了1865年。

这时候埃切加赖由于参与出国考察和各种科研活动使得他在学校的地位有所提升，生活也已经比较稳定。看着自己呕心沥血完成的剧本，埃切加赖百感交集，从剧本内容的设计到每一行诗句的最终敲定，埃切加赖都花费了大量的时间和精力，他自己对这个剧本十分喜爱，念给安娜听时也得到了对方的赞许。

现在，埃切加赖迫切地想要通过亲朋好友的关系将自己的剧本介绍给马德里的剧团，却又因为种种原因而将之搁置了下来，一方面是怕给家人和朋友带来不必要的麻烦；另一方面，埃切加赖也担心会像他之前与莱奥波尔多一起创作的那个剧本和自己独自创作的《新生的太阳和死亡的太阳》得到来自演出界一样的评价。正当埃切加赖为此事犹豫不决的时候，他的一位亲戚得知了这件事，在读过《私生女》的手稿之后表示愿意帮他找找关系。

这位亲戚所找的关系十分错综复杂，不过剧本经过几个人的手中辗转之后还是顺利地被送到了一位当时比较有名的女演员手中。为了避免被人嘲笑，埃切加赖并没有在剧本上署上自己的真实姓名，事实证明他的这一做法是十分明智的。虽然那位女演员对埃切加赖的《私生女》比较认可，却并没有给它提供任何排演的机会，理由同埃切加赖上一次遭到拒绝时收到的回馈如出一辙：剧本不错，但是没有达到可以公演的程度。

3. 来自自然科学院的嘉奖

无论是在求学道路上，还是在毕业后从事的各种工作中，埃切加赖一直保持着认真、热情的态度，从前是一位好学生，现在是一个十分称职和优秀的职员。毕业的头一年，埃切加赖被分配到远离马德里的偏僻城镇担任并不重要的工程师工作，但是，他从来没有因为工作的卑贱而对它有所怠慢，总是按照自己一贯的作风和习惯认真完成各项任务。

被调回马德里之后，埃切加赖成了马德里土木工程学院里最年轻的讲师，但是，他并没有因为缺少经验而被其他教师或教授看轻，反而通过努力在很短的时间里就得到了同事的尊重和校长的认可。作为土木工程学院的毕业生，埃切加赖所教授的课程都是一些晦涩难懂、死气沉沉的理科课程，比如要求逻辑推理能力的数学。即便是以优异的成绩考入马德里工程学院的学生在刚开始学习这些科目的时候都会感到无聊和吃力。

埃切加赖为了让学生们更容易理解书本上的内容，潜心研究了很多套不同风格的教学方法，使得那些枯燥难懂的题目变得生动，想方设法调动学生学习的积极性。而从学生的角度来讲，比起其他知名教授来说，大家更喜欢上埃切加赖的课程，因为在埃切加赖的课上他们可以很轻松地理解各种原理，甚至会有兴趣专注于某一门课程的深入研究，在不知不觉中就提高了自己的专业知识。

除了数学以外，埃切加赖还逐渐接任了讲授力学、水利等相关物理知识的任务，每天奔波于不同的教室，为求知若渴的学生们带来精彩的理论知识讲解。与此同时，埃切加赖还热心教研工作，通过长时间的研究和实践，他向校长提出了增开几门新课程的建议，并且最后都因为这些新课程的实用性而顺利地获得了开课批准，这样一来，埃切加赖日常的工作变得更加繁忙，他却乐此不疲地享受着自己的教师生涯。

授课之余，埃切加赖会埋头阅读一些科研书籍，撰写科研论文。他做这些的初衷并不是想要名利双收，仅仅是出于自己对科学的喜爱而已。在短短的几年时间里，他先后在几个马德里很有名望的杂志上发表了具有重大科研意义的科学论文。同时，埃切加赖还在朋友的帮助下将一些科学论文分类并出版成书籍，这些书的销量也很不错。这些科研方面的努力，使得埃切加赖在科研领域的地位不断提升。

久而久之，埃切加赖顺理成章地成了马德里土木工程学院的科研一把手，常常参与各种科学项目的立项和研究，还在学校的委任下完成了多次出国考察，增长了见识之后的埃切加赖更加能够把握世界科学研究的潮流，不断在这一领域里做出显著的成绩。

作为科研领域的工作人员，埃切加赖在业内有着很好的口碑——热心工作、潜心研究，可以说是一位非常称职的大学教授和十分优秀的科研人员。埃切加赖的良好工作作风为他赢得了工作变动的机遇，1864年4月3日，他受到了位于马德里的西班牙自然科学院的邀请，成了那里的一名院士。

西班牙自然科学院是一所历史悠久的研究机构，许多名牌大学毕业的工科生都很向往进入自然科学院工作和深造，自然科学院因此会收到很多人的自荐信和一些名人的推荐信，但是真正能够进入这个机构的人却屈指可数，而这几个人之中还有若干人是通过强有力的"后门"勉强进入的。因此，埃切加赖在没有提交推荐信、没有走后门的情况下完全靠学院对他个人能力的赏识而成为那里的院士着实让他感到自豪。

在接到西班牙自然科学院发来的邀请函之后，埃切加赖十分兴奋，他在工作中所做的种种努力终于得到了应有的认可，没有什么比这个更让一位事业心很强的人士感到愉快和欣慰的了。不过，院士接纳仪式直到第二年5月11日才正式举行。作为惯例，埃切加赖必须在接纳仪式上进行一番关于科研方面的演讲，以便用优秀的科研技能来服众。

埃切加赖专门写作了一篇名为《数学史与数学在西班牙的应用》的文章，告诉人们数学的重要性以及数学在当时的西班牙的发展和实践状况。埃切加赖用真诚的口吻将自己的真实想法娓娓道来，认为当时的西班牙对于数学并没有给予足够的重视，导致西班牙没有在世界上享有威望的数学家，这一点他感到十分遗憾。而后，埃切加赖向与会者发出倡议，希望数学可以作为重要的科研课题得到应有的重视，以便更好地为西班牙科学领域服务。

虽然埃切加赖所说的都是肺腑之言，但是，过于直白的表达还是惹来了一些在西班牙颇有威望的科研人员的反对之声。埃切加赖并不惧怕别人的反对，在他看来，真理是永恒的，他的演讲在西班牙学术界掀起了一场讨论和争辩的热潮，最终人们还是认可了埃切加赖的说法，这一番学术辩论使得埃切加赖作为自然科学院院士的身份得到了巩固。

4. 从自由贸易到政治经济学

　　上学的时候是理科生，毕业之后的埃切加赖顺理成章地成为理科教授，不过，这位被自然科学院接纳为院士的科学家却有着广泛的爱好。在这些爱好中，戏剧创作自然不必说，有趣的是，一向不怎么关心政治的埃切加赖曾经在同事兼好友加夫列尔·罗德里格斯的影响下，对与政治相关的自由贸易条例产生了浓厚的兴趣，甚至有模有样地参加各个政治经济讨论集会，对政治经济学做了一番深入的研究。

　　实际上，在马德里土木工程学院就读的时候，埃切加赖就与年长他一些的罗德里格斯相识，后者是高他几届的学长。罗德里格斯毕业之后成了马德里土木工程学院的讲师，主要讲授管理法等政治方面的课程。当时还是学生的埃切加赖还饶有兴趣地在罗德里格斯的课上充当了几次旁听生的角色，在那个时候，这位科学天才就对政治和经济有了一定的了解，不过，当时埃切加赖一心想要在科研领域做出一些成就，因此并没有将这方面的兴趣持续下去。

　　毕业后的埃切加赖在外游荡了一年的时间，罗德里格斯却始终没有离开马德里土木工程学院。直到埃切加赖被调回马德里，两个昔日的同窗又一次被联系到了一起。刚刚成为讲师的埃切加赖常常因为备课而到学校的图书馆查阅资料，罗德里格斯也常常到那里去。因为原本就认识，两人很快通过交谈成了好朋友。埃切加赖经常向罗德里格斯讲述他对所讲授课程的理解，而罗德里格斯也滔滔

埃切加赖传

不绝地向埃切加赖诉说自己对政治经济学的研究。

那个时候，"自由贸易"在欧洲政治和贸易领域是十分流行的讨论话题，人们逐渐认识到闭关锁国不仅阻止了外国商品的输入，给人民的生活带来不便，更使得本国的商品不能很好地流通到国外，阻碍了经济的发展。因此，很多政治家和经济学家都加入讨论的行列中，提倡自由贸易、建议修改经济条例的呼声越来越高，甚至街上的一些有识平民有时候也会把自由贸易当作茶余饭后的谈资来讨论一下。

当罗德里格斯向埃切加赖谈起自由贸易的时候，后者也对这个新课题产生了兴趣，虽然这些东西与纯粹的科学无关，但是，任何一位有识之士都是乐于关注国家政治和经济的发展状况的。因此，在学校工作的时间里，埃切加赖一有空闲就愿意找罗德里格斯，跟他探讨关于自由贸易的种种看法，对西班牙的关税保护主义进行抨击。

久而久之，埃切加赖显然成了一名对自由贸易很有想法的学者，罗德里格斯便趁机建议他跟自己一起参加自由贸易派学者们定期举行的一些集会，并积极为埃切加赖提供各种相关书籍和资料，以帮助他更加全面和深入地了解这一领域的研究成果。那段时间里，无论是在学校里还是在家中，埃切加赖的书桌上总能见到几本政治经济学方面的专著，其中不乏欧洲各国的一些知名专家、学者的著作。

埃切加赖原本就有一个习惯——无论是研究什么，只要感兴趣，就会认真、深入地去了解一切，因此，他很快就在政治经济学方面有了自己的建树，并常常将自己对政治经济学的认知和想法告诉好友罗德里格斯。罗德里格斯十分赞赏埃切加赖的学习能力和领悟能力，又进一步鼓励他撰写一些相关课题的论文，可以在杂志上发表，也可以在参加自由贸易派学者集会时就论文进行演讲，与众多学者交换意见。

这些集会常常在马德里最有名的证券交易所举办，与会者多是研究政治经济学的专家，也有一些人仅仅是对此感兴趣而前来旁听。在这里，所有人都可以毫无顾忌地说出自己的认识和看法，这种自由的科研氛围深得埃切加赖的喜欢。罗德里格斯带着埃切加赖参加了几次集会活动，谨小慎微的埃切加赖并没有过多地参与到讨论之中，而是更多地将自己放置到旁听者的位置。

久而久之，埃切加赖逐渐在集会上发表越来越多的个人意见，这些意见均得到了与会者的良好反馈，这使得埃切加赖对自己在政治经济学方面的研究越来越有信心，并开始做长篇演讲。除了参加集会以外，埃切加赖还在罗德里格斯的推荐下向各相关杂志寄送自己在自由贸易和政治经济学方面的论文，这使得他在这一领域的名声越来越大，俨然成了一名政治经济学方面的专家。

虽然对政治经济学的爱好耗费了埃切加赖大量的时间和精力，但是他并没有怠慢自己的本职工作，无论是面对学生的课程讲授，还是参与学校的科研课题，埃切加赖都没有丝毫的懈怠。就连年长他几岁的罗德里格斯也不得不对埃切加赖的精力表示佩服，认为他能够把工作、生活和爱好协调得这样好实在是很不容易。或许埃切加赖天生就有这样的一种能力，可以很好地把握自己所做的任何事情，使得自己在各个领域都能够表现出色。

5. 钻研讲演术

在研究政治经济学期间，由于常常参加自由贸易派举行的学术讨论集会并就自己的论文进行讲演，埃切加赖的讲演技巧得到了很好的锻炼。为了让自己的研究成果更具说服力，埃切加赖还在罗德里格斯的帮助下对演说术进行了一番钻研。

讲演术是人们在实际生活中与人辩论、试图说服别人接受自己观点的过程中产生和形成的，并在历史的长河中通过反复加强演变成一门研究辩论技巧的学问。讲演术起源于古希腊，当时人们利用演讲形式进行政治和哲学方面的交流，逐渐将之通过口口相传而系统化，成为一门独特的学问，主要用来进行公关，在希腊的政治文化发展过程中起到了很大的作用，此后，讲演术在罗马统治时期的发展最为辉煌。

著名的希腊哲学家苏格拉底就是用讲演术作为基本的"武器"向人们传授自己的哲学思想。苏格拉底常常以询问的方式与市民进行哲学方面的研究和探讨，并最终用自己完美的哲学思想和精湛的讲演技术将对方说服，他自己也因此成了雅典远近闻名的人物。苏格拉底的学生柏拉图以及柏拉图的学生亚里士多德都十分擅长用演讲的方式表现自己在哲学方面的研究，由此可见，讲演术在学术研究方面起到了很大的作用。

希腊的讲演术是在什么时间、如何传入罗马已经无从考证，大概是在公元前200年的第二次马其顿战争时期跟随希腊文化一起进入了罗马。罗马人在不断涌入的希腊人的影响下也开始学习和使用讲演术，并逐渐磨炼出了一批优秀的演说家。不过，这个时期"讲演术"还不是一门专门的学问，直到公元150年前后，比较正规的讲演术教育才得以呈现，这门学问才开始得以真正地广泛传播。

人们使用讲演术的目的无非是希望得到听众的支持，这些支持是一种必不可少的鼓励，有些时候它们也可以成为政客或是希望得到权力者的工具。古往今来，有多少战争是来源于某些人心怀鬼胎的大肆鼓动呢？这一点也正是讲演术的魅力所在。

几经兴衰，17—19世纪，由于人们对社会政治的关注以及政治经济学的发展，讲演术再一次成为被人们争相追捧的一门学问，尤其是关注政治经济形势的一些相关专家和学者。埃切加赖所参加的自由贸易派的定期集会中不乏大量能够很好地运用讲演术的人才，他们演讲起来总是慷慨激昂、口若悬河，最重要的是，这些人仅仅通过说话就能赢得在场与会人员的赞同、支持与喝彩，这一点让埃切加赖非常羡慕。

将埃切加赖带入政治经济界的罗德里格斯因为长期浸泡在这样的环境中，也练得了一套出色的讲演术，在埃切加赖与他就某个问题辩论时，常常因为自己拙劣的演讲技巧而被对方驳倒，因此，埃切加赖迫切地想要学习这门学问，增强自己的演说能力。

在罗德里格斯的帮助下，埃切加赖对讲演术进行了深入的研究，并不断地借各种机会与人辩论，其中，课堂就是一个不错的练习场地。学习讲演术之后，学生们能明显感觉到他们的老师埃切加赖在课堂上的表现与从前不同了，他变得更加积极，说出的话也更有说服力。除了课堂以外，埃切加赖还常常借跟朋友一起讨论问题的机会实践自己的讲演术，他的演说技巧很快超越了罗德里格斯。

在参加了几次自由贸易派的集会以后，埃切加赖已经能用自己精湛的讲演术博得与会者的赞许了。久而久之，埃切加赖在演讲方面的超强能力得到了更多人的认可，他开始不断接到来自四面八方不同领域的演讲邀请。奔走于科学院、学校和各种社会文化团体进行演讲的埃切加赖并不满足于现状，他又有了一个新的目标——站在远近闻名的马德里阿特纳奥斯的讲坛上接受众人的瞻仰。

对做什么事情都很认真的埃切加赖来说，只要努力，一切都是那么顺风顺水，埃切加赖很快便实现了自己在阿特纳奥斯演讲的愿望，成功的演讲使得他一举成名，并从此与政治结下了理不清的渊源。

6. "九月革命"的影响

在1868年9月以前，虽然几经战乱，西班牙的政权还是在波旁王朝最后一任女王伊莎贝拉二世的手中。伊莎贝拉二世是前国王费尔南德七世的长女，于1830年10月10日出生在西班牙首都马德里，她的母亲是费尔南德七世的第四任妻子玛丽亚·克里斯蒂娜。当时的西班牙政权属于那不勒斯的波旁王朝，伊莎贝拉二世同时也是法国大革命中被处死的法国王后玛丽·安托瓦内特的外甥女。

费尔南德七世虽然娶了多位妻子，却只有女儿，没有儿子，因此，费尔南德七世在世的时候就一直致力于废除原有的只允许男性皇室成员继位的萨里克继承法。在他去世之后，年仅3岁的伊莎贝拉作为长女在1833年9月29日被推举成为西班牙政权的新一任女王，她的母亲玛丽亚·克里斯蒂娜担起辅佐女儿摄政的重任。伊莎贝拉二世一上任就遭到了王室多数男性成员的反对，要求废除女王、恢复萨里克继承法，继而引发了一场战争。

在年满13岁之前，西班牙的国家政事均由伊莎贝拉二世的母亲玛丽亚·克里斯蒂娜做主，这引起了女王叔父唐·卡洛斯亲王的反对，这位亲王在侄女即位后便发动了叛乱，要求取消伊莎贝拉二世的女王身份，转而由自己继承哥哥的王位。为了稳固女儿的政权，玛丽亚·克里斯蒂娜请求欧洲其他国家的帮助，各国的摄政王纷纷公开表态支持伊莎贝拉二世，得到支持的克里斯蒂娜立即向卡洛斯开战。

讨伐叛军的战争一直持续了漫长的7年时间，卡洛斯虽然聚集了一批拥护自己的人，却一直没有推翻侄女的政权。1840年7月，卡洛斯的拥护者被彻底清剿干净，而卡洛斯本人也流亡法国，伊莎贝拉二世的王位终于稳定下来了。不过，不甘心的卡洛斯在伊莎贝拉二世的整个执政生涯中一直扮演着反叛的角色，伺机寻找机会实现政变。

为了避免再为女儿带来不必要的麻烦，伊莎贝拉二世的母亲克里斯蒂娜决定将摄政权转移给大将军巴尔多梅罗·埃斯帕特罗，自己则彻底退出政治舞台。埃斯帕特罗一上任就推行了一系列改革措施，由于这些改革十分激进，直接引起了保守派的质疑和反对，仅仅两年的时间，埃斯帕特罗就被另一位将军纳尔瓦艾斯赶下了台，只落得流亡英国的悲惨结局。

新上台的纳尔瓦艾斯将军与众多大臣组成了议事内阁，宣布刚刚年满13岁的女王伊莎贝拉二世成年，迫使女王开始亲自执政。3年后，伊莎贝拉二世还在西班牙政府内阁大臣们的干预下不情愿地与自己的堂兄弗朗西斯科·德·阿西西·德·波旁成婚，使得整个西班牙王室看上去十分正常和平静，而私底下夫妻二人却相互嫌恶对方，单独有各自的私生活并且相约互不干涉对方。

1843年到1868年是伊莎贝拉二世亲政时期，整个执政过程中遭遇了强烈的法国革命浪潮。在法国革命热情日益高涨的过程中，西班牙的自由主义反对派力量也逐渐扩大，西班牙宫廷政变革命层出不穷，女王只好靠频繁更换内阁成员来应付，在25年的执政生涯中，西班牙政府一共更换了34届内阁，先后颁布了7部宪法，镇压了15次暴动。女王终日沉浸在荒淫的私生活中，任由心怀鬼胎的大臣们肆意乱搞朝政。

西班牙人民整日生活在水深火热之中，对这位女王十分不满，多次发动起义和安排暗杀，希望可以推翻波旁王朝的独裁。最终，推翻女王的革命行动在改革派将领胡安·普里姆的领导下得以实现。

胡安·普里姆是伊莎贝拉二世执政过程中一名老资格的将领，曾经在第一次卡洛斯战争中一举成名，被晋升为上校。他在1843年伊莎贝拉二世亲政之后被选入内阁，参加反对埃斯帕特罗的起义，成功后晋升少将，出任马德里的行政长官。不过，在改任巴塞罗那军事长官之后，胡安·普里姆因为策划了反对温和派领袖纳尔瓦艾斯的政变，在失败后被流放菲律宾。

1847年，得到女王赦免的胡安·普里姆出任波多黎各总督。1857年作为进步党选入内阁的唯一成员，胡安·普里姆在西班牙和摩洛哥之间发动的战争中功勋卓著，并于1861年指挥英国、法国和西班牙联军远征墨西哥。在军事方面屡建功勋的胡安·普里姆返回西班牙后重新开始自己的政治生涯，在此过程中，他一直站在反对伊莎贝拉二世的一边。

1866年，胡安·普里姆曾经策划和发起了一次意欲推翻女王政权的军事政变，但最终以失败告终，被迫流亡外国。1868年，胡安·普里姆在改革派的保护下重返西班牙，并于当年9月再次起事，发动了著名的西班牙"九月革命"，成功地推翻了伊莎贝拉二世对西班牙的统治，迫使女王下台并逃亡法国。

伊莎贝拉二世上台的时候，埃切加赖还是一名年仅1岁半的幼儿，1868年女王被赶下王位时，埃切加赖已经是远近闻名的教授、科学家和演说家了。作为普通的西班牙人民，埃切加赖对于伊莎贝拉二世女王的下台像其他民众一样感到欢欣鼓舞，虽然他不是什么反政府分子，但是埃切加赖一直保持着先进的政治思想，并且与发动政变的胡安·普里姆将军有着一定的私交，因此，"九月革命"对埃切加赖后来走上政治舞台有着重大的现实意义。

第五章　登上政治巅峰

1. 西班牙政府的委任状

作为纯粹的知识分子，埃切加赖在教学和科研领域已经取得了不小的成就，却从来没有想过要在政治上有所作为。不过，埃切加赖也像其他有识之士一样关心祖国的政治形势，长久以来，他一直对共和派的政治家、演说家卡斯特拉尔特别崇拜，十分赞同后者的政治理念，在埃切加赖的心中，自己也可以算得上是革命派的一员了。

在"九月革命"爆发前夕，埃切加赖的生活像往常一样平静而有规律，每日奔波于学校、自然科学院和家庭之间，授课、科研一把抓，各项工作都能得到上级的认可，工作还算顺利，与妻女的生活也十分美满。在1868年春天，校长又一次以优厚的条件委派埃切加赖前往巴黎进行技术考察，像以往的科研考察一样，埃切加赖将得到十分充裕的差旅费，够他在法国游玩一阵子的。当年7月，埃切加赖便携妻子一起出发赶赴法国。

与其说是去巴黎出差，不如说是陪伴妻子游历法国，轻松的行程让埃切加赖和安娜再一次沉浸在甜蜜的二人世界里。在巴黎旅居的时候，埃切加赖了解到流亡比利时的胡安·普里姆已经离开了那里，秘密回到了西班牙，他立即有了一种不祥而又兴奋的预感，据他对普里姆的了解，这个人回国后势必会做出一些大的动作来，或许会像1866年那次起义一样再组织一次政变。

很快，埃切加赖的预感被证实了，由胡安·普里姆领导的"九月革命"爆发了，此时埃切加赖正与妻子一起旅居在西班牙边境的圣胡安·德拉鲁斯。听闻"九月革命"爆发的消息后，埃切加赖迅速从那里赶回了马德里，亲眼看见了革命军遭受政府军镇压、政府军被起义军击败、女王被迫下台逃亡外国的全过程，每天都为革命军带来的好消息而欢欣鼓舞。不过，即便政局如此动荡，单纯的埃切加赖也从来没有想过要趁乱在政治上有所作为。

但是，有些事情是命中注定的，革命胜利之后不久，埃切加赖就收到了一封来自革命军组建的临时政府的信件。当时任发展部大臣的路易斯·索里利亚正在寻觅可以胜任公共工程部长职位的人选，有人向索里利亚推荐埃切加赖并且得到了批准，信中要求埃切加赖尽快觐见发展部大臣并择日上岗。

这个消息让埃切加赖感到意外，虽然他也很热心政治，却从来没有想过自己会有机会登上政治舞台。看着这封信，埃切加赖的心中百感交集，他想到了自己在研究政治经济学时的热心，想到了自己在自由贸易派集会上演讲时的慷慨激昂，或许他内心深处的确有着对权力和名望的渴望，应该顺理成章地接下这个任命。但是，在这样一种政治形势下上任也许并不是一种明智的选择，毕竟临时政府还处于危机四伏的状态中。

不过，既然革命军需要他，作为革命积极分子的埃切加赖又怎么能拒绝呢？何况公共工程与他在马德里土木工程大学的专业学习还有着一定的关系，辗转思考了整整一晚的埃切加赖最终还是接受了这个任命。

第二天一大早，埃切加赖便穿戴整齐，从容地赶赴临时政府的驻地，向侍卫说明来意并递上邀请函，顺利见到了发展部大臣路易斯·索里利亚。两个从未谋面的人坐到了一起，进行了一次长时间的热切交谈，索里利亚对埃切加赖十分满意，甚至答应了埃切加赖对于重新安排公共工程系统人员的要求。

正所谓新官上任三把火，埃切加赖一到任便大张旗鼓地开始精减前政府留下的公共工程部门的工作人员。在埃切加赖看来，这样一个部门实在不需要如此众多的职员来坐镇。整个部门当时的情况就像一块吸满了水的海绵，而埃切加赖要做的就是挤掉多余的水分。通过一段时间的相处，埃切加赖选定了一批将要被裁员的职员，他们每个人都曾有过或多或少的玩忽职守行为，这为埃切加赖的裁员行动提供了最有利的条件。

不过，即便是这样，这些因为有过重大疏漏或是失职而被裁员的职工还是对埃切加赖十分怨恨，要知道，在这样动荡的时期里想要找一份与之相当的工作着实不是一件容易的事情。埃切加赖本着负责的态度，按照自己预先拟订的计划，将公共工程部门变得更加精简且更加有用，不过，他自己的生命安全也遭受了威胁——有一名不甘心被裁员的员工曾经在下班路上用刀子劫持埃切加赖企图行凶，多亏巡警及时出现，才避免了悲剧的发生。

这件事情让埃切加赖深切地体会到担任政治职务并不是什么轻松、风光的事，这里面暗藏了很多的玄机，不仅包括自己的行为对下属的影响，还包括整个政府对人民的影响，如果不能做个称职的官员，还不如趁早离开的好。不过，已经走上了政治道路的埃切加赖还是愿意通过自己的努力为整个西班牙的政治献上一份积极的力量，因此，他并没有因为这次意外而放弃公共工程部长的职务，而是更加坚定了做好这份工作的决心。

2. 参与修宪会议

轰轰烈烈的"九月革命"之所以能够得到众多拥护者的鼎力相助，与革命军提出的口号有直接关系，其中除了对教育和医疗的改善承诺之外，对宪法的及时修改也是重要的一项。革命胜利之后的临时政府面临着以最快的速度出炉符合民众预期的宪法修改意见的重任，丝毫不敢怠慢，相关人员以最快的速度组织了议会，对如何修改宪法进行激烈的讨论。在被委任为临时政府的公共工程部长之后，埃切加赖很快又有了第二个身份——宪法修改会议的议员。

临时政府首先发表了一份声明，确定了宪法修改的基本路线。在这份声明中，虽然要求新的政府领导者必须具备多种有利于普通民众的个人素质和信仰，但是并没有宣布成立共和国，显然，现在的临时政府依然会走君主立宪制的道路。虽然民众对此略有失望，但仍然期待着修改后的宪法能真正服务于人民。此外，除了政治体制与人民权利以外，宗教信仰也是此次宪法修改必须面对的问题，一时间所有的议员都感受到了前所未有的压力。

对埃切加赖而言，能够接下公共工程部长的政治任命就已经勉为其难，现在，他又被动地成了修宪议会的议员，即将直接参与西班牙国家宪法的修改和制定，这是他从来没有想过的。当初同意接任公共工程部长，其中一个重要的原因就是这个职务多少与埃切加赖的本行有着千丝万缕的联系，而现在，即将参与修宪的埃切加赖觉得自己完全是一名什么都不懂的门外汉，做群众代表还可以，但无论如何也担不起议员的重任。

更加让埃切加赖感到意外的是，他居然在公开的投票选举中一下子成为两个地区的议员代表——穆尔西亚和阿维莱斯，不过，最后他以阿斯图里亚斯议员代表的身份进入了修宪议会。现在，具有公共工程部长和修宪议会议员双重身份的埃切加赖俨然成了一位名副其实的政治家，他的生活圈子里出现了越来越多的政治面孔，而从前全身心投入科研工作中的生活一去不复返了，埃切加赖忽然感到些许失落。

修宪会议在1869年2月11日正式召开，埃切加赖头一次参加这种会议，没想到讨论的场面比他当年参加自由贸易派集会时还要激烈，分成几派的议员之间有着巨大的分歧，想要这些人达成共识实在不容易。不过，由于拥护君主立宪制的议员人数众多，因此，这一条很快在投票中以明显的赞成比例被确定下来。换句话说，虽然波旁王朝被革命军推倒了，但是，新建立的政权依然需要推举一位新国王来管理国家。

一个个宪法修改议题在议员们的争吵和打斗中逐渐被确立了下来，但是关于宗教问题的讨论却一直进行着，分成几派的议员互不相让，纷纷用演讲作为武器在会议中大动干戈。这个时候，擅长演讲却一直默默无闻的埃切加赖终于被人们想了起来，他的上司索里利亚要求埃切加赖为自己这一派做一番演讲。

事实上，宗教在埃切加赖这位科学家眼里并不是什么好东西，这主要是因为天主教进入西班牙之后经过很长时间的发展，不但没有为西班牙带来福祉，反而因为保守和迷信而通过宗教法庭使很多无辜者蒙冤并遭受酷刑。埃切加赖为了这次演讲走访了很多了解天主教罪行的人，将这些素材用戏剧中的文学色彩加以修饰，变成极具感染力的词句。

到了发表演说的那一天，埃切加赖慷慨激昂的演说让很多之前对他并不了解的议员大为震惊，埃切加赖也因此成为西班牙临时政府中远近闻名的人物。这样一来，埃切加赖终于找到了自己在政治舞台上的形象，也越来越喜欢参与政治讨论，并且在之后关于政治问题的讨论中又做了几次极具说服力的精彩演讲，将他对自由贸易的热情全部宣泄了出来。由于在修宪议会上的出色表现，埃切加赖很快由公共工程部长晋升为发展部大臣。

得到重用的埃切加赖也逐渐适应了与政治和权力打交道的生活，他在日常生活中的言辞更加具有政治家的风范，很多他从前的好友都惊讶于他从科学家到政治家的这一转变，而又为他在仕途上表现出来的能力和得到的成果表示赞许。

3. 国王的人选

经过了长时间的辩论和争斗，新的宪法终于成型了，在修改后的宪法被议会通过之后，另一个更为棘手的问题浮现了出来——作为君主立宪制的政府，新的国王人选还没有定下来，这可真是一件难办的大事。

其实，早在"九月革命"还处于策划时期的时候，它的领导者胡安·普里姆就从来没有想过像其他国家一样用共和国制取代君主立宪制，他想做的只是将隶属于波旁王朝的昏庸无度的伊莎贝拉二世赶下台，再选举一位有能力的人担任国王而已。因此，在革命结束之后，议会中保守派的成员为数众多，君主立宪制才被保护了下来。

胡安·普里姆曾经公开表示西班牙不会组建共和国，这一想法虽然遭到了共和派的反对，却始终没有被改变。现在，所有的议员们再一次坐到了一起，为选谁成为新的西班牙国王的问题而争论不休。第一位国王人选是葡萄牙人唐费尔南多，政治家希望通过他的上台稳固西班牙在整个伊比利亚半岛上的地位。不过，这个建议并没有得到当事人的认可，面对这样一个由革命军组成的临时政府，唐费尔南多并没有多大兴趣出任国王。

紧接着，保守派成员突发奇想，提出推举已经被赶下台的伊莎贝拉二世的妹夫蒙潘西埃公爵为国王，虽然蒙潘西埃是法国国王路易·菲利普的儿子，但是，他的"波旁王朝女婿"的身份遭到了民主派议员的一致反对，加上胡安·普里姆也不希望在新的西班牙政府中见到波旁王朝亲信的身影，让蒙潘西埃任新国王的提议马上被压了下去。

这时候，有人想起了热那亚大公。此时，热那亚已经不再是一个独立的国家，从1815年开始就成了19世纪意大利境内唯一一个封建帝国撒丁王国的一部分。这位热那亚大公对出任西班牙新政府国王的提议考虑良久，最后提出了一个条件——西班牙临时政府必须促成他与蒙潘西埃公爵大女儿的婚事。胡安·普里姆立即派身为发展部大臣的埃切加赖前去与蒙潘西埃公爵谈判，希望可以满足热那亚大公这个荒谬的想法。

胡安·普里姆在这件事上如此器重埃切加赖，也是出于对他精湛的演讲技术的一种认可。虽然从来没有做过这种牵线搭桥的工作，何况是在寻找新国王的路途中为"准国王"的婚事操心，埃切加赖还是硬着头皮接下了这个棘手的任务，去与蒙潘西埃公爵进行磋商。不过，埃切加赖根本没有见到公爵的面，只是与公爵的秘书有过简短的会晤，公爵态度坚决，无论如何也不答应将自己心爱的女儿许配给热那亚大公。

既然蒙潘西埃公爵这边没有一点商量的余地，埃切加赖只好努力说服热那亚大公放弃之前的想法，经过多番努力，后者终于同意妥协。不过，就在西班牙临时政府紧锣密鼓地安排埃切加赖前往意大利接热那亚大公来西班牙就任时，事情的发展态势却急转直下，临时政府与热那亚大公的谈判破裂，埃切加赖的意大利之行被迫取消了。

事实上，胡安·普里姆心中早就有了几个新国王的人选，其中最合他心意的就是普鲁士国王威廉的堂兄利奥波德亲王。普里姆想要邀请普鲁士王子来担任西班牙新政府国王的目的是显而易见的——准备借助强大的普鲁士王国稳固自己在欧洲的地位。而普鲁士宰相俾斯麦也出于与西班牙联手对付法国的目的而希望促成此事。虽然利奥波德亲王曾经几次推托不愿赴任，但是禁不住俾斯麦的再三规劝，终于还是答应了下来。

当时法国的当权者正是拿破仑的侄子路易·拿破仑·波拿巴，也称拿破仑三世。他是有名的政治阴谋家和军事冒险家。1848年法国革命失败后，他窃取了法兰西第二共和国的大权，又于1851年12月发动政变，恢复帝制，建立了历史上所说的法兰西第二帝国。作为一个独裁、残暴、狂妄之徒，拿破仑三世总是野心勃勃地希望通过战争称霸欧洲，一直将强大的普鲁士视为死敌。因此，利奥波德出任西班牙新国王的事情绝对不能让法国提前知晓。

为了避免节外生枝，西班牙与普鲁士就国王人选的谈判过程一直在严格保密的情况下进行。但是，无论普鲁士有什么风吹草动，狡猾阴险的拿破仑三世总是能通过各种途径截获对方的消息。很快，利奥波德亲王即将出任西班牙新国王的消息就传到了拿破仑三世的耳朵里。这件事直接导致了两国的短兵相接，推选利奥波德成为新国王的提议也化为了泡影。

真是一波未平、一波又起，临时政府已经组建了很长时间，虽然新的宪法在紧锣密鼓的讨论中很快确定了下来，然而，国王的人选却始终没有着落。这样的情况如果一直持续下去必然会引起民众的猜忌和不安，普里姆也是十分焦急，现在，他的心中还有最后一位国王人选不曾进行过交涉，那就是意大利国王维托里奥·埃曼努埃莱二世与奥地利公主玛丽亚·阿德莱德的次子、第一任奥斯塔公爵阿梅迪奥·斐迪南多·玛丽亚。

4. 纷乱的政治局面

1870年11月16日，经过激烈的讨论，西班牙临时政府终于做出了最后的决定——奥斯塔公爵阿梅迪奥·斐迪南多·玛丽亚将就任西班牙新国王，定名阿玛迪奥一世。事情一敲定，普里姆马上组织一个新国王迎接团前往意大利为阿玛迪奥一世送上王冠，并护送他回到西班牙。1870年12月30日，阿玛迪奥一世登上了西班牙的领土，从此开始了仅仅持续了三年时间的西班牙国王生涯。

事实上，在西班牙第一次向这位奥斯塔公爵抛出橄榄枝的时候，阿梅迪奥·斐迪南多·玛丽亚就受到了母亲的忠告，明白西班牙当时的政治形势并不乐观，很直接地回绝了西班牙临时政府的邀请。阿梅迪奥早年游历欧洲、博学多识，让他形成了一种放荡不羁的性格，虽然在战场上也是一名骁勇善战的战士，他却并不愿意被政治的光环束缚住自由自在的生活。不过，经过西班牙使者多次说服，阿梅迪奥最终还是同意了出任西班牙新国王。

西班牙新国王的人选问题终于得到了解决，胡安·普里姆心中的一块石头也落了地。确定了迎接新国王回国的行程之后，普里姆马上开始着手筹备新国王的登基大典，然而，新的麻烦又来了。新组建的西班牙临时政府十分不稳定，财政方面更是根基薄弱，单是新国王的迎接和登基事宜所要花费的各种费用就够财政部为难一阵子了。此外，由于共和党始终对君主立宪制存有异议，当新国王人选被确定下来时，铺天盖地的批评也向普里姆袭来。

久而久之，即便是在平时组织的议会上，普里姆也会受到共和派议员毫不留情的挖苦和指责。由于临时政府本来就十分不稳定，普里姆这个时候只能忍气吞声，尽量避免在新国王正式就任之前节外生枝。每次开会的时候，议员、发展部大臣埃切加赖的位置总是被安排在普里姆身边，看着坐在最高席位上的普里姆将军受辱，他越发感觉到参与政治并不是什么好事，但是，既然上了这条船，想下去就没那么容易了。

紧接着发生的一件事让埃切加赖更加深切地感觉到对政治的反感——1870年12月30日，正当新国王下船踏上西班牙领土之时，胡安·普里姆遭遇了暗杀，身负重伤。在遭到刺杀之前，普里姆曾经收到过三封匿名信，通知他将有血光之灾。曾经几度驰骋沙场的普里姆将军并不惧怕暗杀分子的威胁，他不会像缩头乌龟一样躲在宅邸里求生，只是稍微增加了一些安全上的防范措施，照常每天到政府办公地点开会。

12月30日议会结束之后，埃切加赖像往常一样与身边的普里姆将军礼貌地告别，却不曾想到，这竟然是最后一次与普里姆将军坐在一起了。普里姆在衣服里面增加了一件能够抵御刀刺的软甲，随身跟着两个贴身保镖。当将军乘坐的马车行至土耳其大街时，暗杀分子突然从街角冲出并包围了马车，从窗户的位置将无数子弹射入。车夫奋力鞭打马匹冲出包围，然而车上的将军和他的两个保镖却已经身负重伤。

护送新国王的队伍还在来马德里的路上，显然，普里姆已经不能亲自迎接他了。议员们召开了紧急会议，确定由另一位将军托佩特与海事大臣贝贝兰盖尔和发展部大臣埃切加赖组成迎接小组负责接待阿梅迪奥，埃切加赖的具体任务是代表临时政府向新国王致欢迎词。代表团并没有在马德里静待新国王的到来，为了表示欢迎，埃切加赖与将军和海事大臣一起赶赴佛罗伦萨。

代表团在佛罗伦萨见到了阿梅迪奥，埃切加赖向他宣读了政府的欢迎词，将军为新国王戴上了象征权力的王冠。这个时候，普里姆早已因为受伤过重而不治身亡。当新国王得知普里姆遇刺身亡的消息之后，感到无比震惊，母亲对他的忠告在耳边回响，看来他在西班牙的政治之路不会走得太长，过程也一定会充满艰辛。但是，事已至此，阿梅迪奥只能硬着头皮继续他在西班牙的征程，一切只能随机应变、听天由命了。

代表团陪着新国王抵达马德里，阿梅迪奥要处理的第一件事就是参加普里姆的葬礼，这让他的内心感到了强烈的不安。1871年1月2日，新国王阿玛迪奥一世在国会致了宣誓词，正式成为推翻波旁王朝之后的西班牙第一任国王。事实上，阿梅迪奥一到马德里就明白他没有能力解决西班牙政府目前所面临的问题，各党派之间永无休止的争斗使得西班牙国内呈现一片混乱的景象。

明智的阿梅迪奥知道自己至多是一个过渡时期的君主，于是，在就任后他所做的第一件事就是重新组建内阁，暂时保证自身的安全。失去了普里姆将军的保护，新国王迫切地需要拉拢一批能够忠于自己的大臣，他在各党派之间权衡利弊，并没有特别偏袒哪一方，让新政府暂时看起来比较稳定。埃切加赖在这次任命中没有得到任何职务，这让他感到非常幸运，他又可以回学校教书、到自然科学院上班，过以前那种"无忧无虑"的日子了。

5. 重执教鞭的日子

从1868年"九月革命"胜利之后到1871年1月2日临时政府选定的新国王顺利登基，埃切加赖度过了两年多的政治生涯。在这一段时间里，埃切加赖先后经历了不稳定的临时政府受到的种种磨难——来自不同派别的议员之间的分歧和争斗、小政治团体之间的猜忌和指责、外国势力对千疮百孔的西班牙政权的威胁以及新任国王毫无权威可言的尴尬处境……这一切都让埃切加赖感到厌烦，他越发想要逃离纷乱的政治旋涡。

胡安·普里姆将军遭到暗杀对埃切加赖的影响很大。首先，两人在"九月革命"发生之前就相识，埃切加赖对普里姆有一定的好感，虽然革命成功后普里姆并没有放弃君主制而走向主张民主和自由的共和制，但仅仅是推翻波旁王朝就已经让埃切加赖对他刮目相看了。其次，临时政府成立之后普里姆的种种付出都被埃切加赖看在眼里，他对将军的政治能力十分认可，至少认为普里姆所做的一切努力都是为西班牙好。

但是，就是这样一位善于战斗、忠于国家的将军，最后竟落得被暗杀的结果，这着实让埃切加赖感到难以接受。作为西班牙临时政府的核心人物，政治为普里姆带来的除了荣誉以外，还有无限的危险。虽然直到最后杀人凶手也没有找到，不过，一切都源于政治权力的纷争，这一点毋庸置疑，只要一个人身处纷乱的政治中，危险就持续存在，这种感觉让人十分不舒服。

值得庆幸的是，不知道是忘记了还是有意为之，新国王阿玛迪奥一世在组建新内阁的时候并没有将埃切加赖列入候选名单，这或许是因为从每个党派之中抽出相当人数的人员给予内阁要职已经不是一件容易的事，像埃切加赖这种政治倾向并不十分明显的人物就自然而然被排除在外了。对埃切加赖来说，失去了政治上的种种头衔并不是一件坏事，他不会因为不做官员就活不下去，马德里土木工程学院的大门始终向他敞开着。

事实上，想到阿玛迪奥一世刚刚在西班牙港口城市卡塔赫纳登陆时受到的冷遇，埃切加赖就隐约感觉到这个西班牙新政权不会长久，只不过作为政要大臣，他不能任由自己往不好的方面想象。现在被政府忽视的埃切加赖感到这是阿玛迪奥一世上任后给他最好的礼物，可以让他远离纷争，这意味着危险也离他远去了。走出政府办公大楼的埃切加赖可以像其他民众一样客观地看待政权的交替和演变，终于不用再大费干戈地参与其中了。

回到家中的埃切加赖感到从未有过的轻松愉快，就像一只鸟儿被关在笼子里太长时间终于重获自由而能在天空中恣意翱翔一样。与妻子和女儿一起度过了几天悠闲自在的生活之后，埃切加赖很快去马德里土木工程学院报到。校长对埃切加赖的回归感到十分高兴，当即同意将他从前所教的课程陆陆续续交还给他，毕竟，像埃切加赖这样集专业知识与口才于一身的讲师并不好找，只要他愿意，学院随时欢迎他来授课。

虽然教师的待遇仍然不高，但是，做过议员和大臣的埃切加赖可以定期从政府领取退职津贴，这也许是两年的从政生涯让埃切加赖感到最有意义、最实惠的一点。每日奔波在学校里从事自己本来就很喜欢的教学工作；有时候到西班牙自然科学院搞一搞科学研究，偶尔在科学杂志上发表一些学术论文；不用再理会政治上的是非纠缠；生活费也不再是困扰家庭顶梁柱的问题……重执教鞭的日子让埃切加赖感到十分惬意。

在阿玛迪奥一世新组建的内阁中，埃切加赖的老上司路易斯·索里利亚和好友克里斯蒂诺·莫雷托斯都在其中，他们对政治的热情一度让埃切加赖无法理解，或许这就是科学家与政治家之间最本质的区别——前者注重研究脱离社会的一切自然法则，后者则一头扎入社会政治之中无法自拔。

当莫雷托斯得知埃切加赖并不在内阁人选之中时表示非常惋惜，他认为埃切加赖的能力和口才应该为他赢得一个好的职位才对，但是埃切加赖却从没把自己的真实想法透露给这些政治家。当议员选举工作轰轰烈烈地进行时，莫雷托斯找到埃切加赖，关切地询问他在此次议员选举之中有没有遇到困难，并表示可以通过私人关系帮他搞到一个席位。然而，科学家埃切加赖对政治避之不及，婉转地拒绝了莫雷托斯的好意。

所有的政治家都是好辩手，莫雷托斯极力劝解埃切加赖加入他的行列，认为无论出于对自己未来发展的安排还是对国家政治命运的责任，埃切加赖都应该在政治上有所作为。即便埃切加赖一直以消极的态度面对议员竞选，莫雷托斯还是通过关系将一个议员的席位强行塞给了埃切加赖。不过，虽然再次当上了议员，埃切加赖的生活却没有任何改变，他依然每天来往于学校和自然科学院，只不过偶尔像木头一样在例行议会上待上几小时而已。

6. 再次走上政治舞台

虽然在回到马德里土木工程学院任教之后埃切加赖再一次在克里斯蒂诺·莫雷托斯的帮助下拥有了国会议员的身份，但是，他从来没有真正地回归政治，只是在召开议会时参加一下而已，并没有再直接参与政治决策。与此同时，阿玛迪奥一世的地位也因为不同党派之间的激烈斗争而越发显得岌岌可危，在这种情况下，议员的竞选变得激烈起来，因为政客们都看到了可以左右国家政权命运的机会。

新一轮的议员竞选开始，这一次，即便有莫雷托斯的帮助，埃切加赖也没能当上议员。这让莫雷托斯感到气愤，而埃切加赖却觉得轻松无比。显然，埃切加赖不是天生的政治家，当政客们纷纷想要趁乱进入西班牙政府实现自己不可告人的阴谋之时，他却越发想要远离这个泥潭。不过，此时的埃切加赖还不知道，他的政治仕途其实才刚刚走了一半而已。

在阿玛迪奥一世刚刚来到西班牙就任新国王，并亲自组建了以萨迦斯塔、莫雷托斯和索里利亚为骨干的新内阁之后的一段时间里，已经很长时间处于无政府状态的西班牙暂时保持了一段时间的平静。这与新政府刚刚成立之后在军事和财力方面的短缺有着一定的关系，内阁中各党派虽然互相看不顺眼，但是谁都不想在根基最薄弱的时候当家做主，因此，暂时的休战是有必要的，不过，这也酝酿着更大的危险。

新国王上任后很快将自己的妻子和两个女儿接到了位于西班牙马德里的皇宫之中。这位来自意大利的新王后一到任便对西班牙人民表现出了无限的爱与关怀。王后本身就是个十分善良、随和的人，她甚至亲自哺育两个女儿，而没有像其他贵族女性那样因为担心身体走样和舆论流言而请奶妈代劳。她像爱自己的两个女儿那样对待身份卑微、生活艰苦的西班牙妇女，赢得了贫苦人民的一致好评。

新国王虽然没有什么雄心大略，却也算是称职的明君，他有着将西班牙管理好的美意，却无奈自己根本没有实权，无论做什么决定都要得到内阁大臣的应允。阿玛迪奥一世成了活生生的政权傀儡，基本上处于任由几个党派轮流做主的状态中。而这些党派发现国王并没有拿破仑那样的魄力之后便越发显得猖狂，他们总是为了自己党派的私利而处处为难阿玛迪奥一世。

阿玛迪奥一世不得不为了保住自己的地位而频频在各党派的影响下更换内阁大臣，但是，真正地有利于社会各阶层的政治措施却从来没有让任何人满意过——上至大小资产阶级，下至在第一线从事繁重劳动的农民和手工业者，他们只能每日眼睁睁地看着党派纷争，却并没有感到自己的生活被政府关心过。久而久之，民众开始对阿玛迪奥一世的统治怨声载道。

党派之争愈演愈烈，尤其是以索里利亚为首的激进派，总是使出各种手段想要在内阁中增加自己一派的人手。由于索里利亚曾经是埃切加赖的顶头上司，这个时候他又想起了这位前发展部大臣，于是，当索里利亚的势力不断扩大的时候，埃切加赖也再一次收到了出任发展部大臣的邀请。虽然埃切加赖十分不情愿，不过，碍于老上司的面子，他不得不暂时接下了这个职务。

重新被任命为发展部大臣的埃切加赖再一次深陷政治旋涡，他发现此时的西班牙政府比新国王上任之前的临时政府状况更为糟糕。在受到索里利亚的邀请之时，这位激进派领导人一再以国家的名义要求埃切加赖加入拯救西班牙的行列之中，然而，真的进入这个圈子以后，埃切加赖发现一切都变了样——无论是哪一个党派，他们招兵买马的目的都不是出于爱国那么单纯，更多的是为自己的党派最终当权而做准备。

索里利亚之所以不断地在政府中增加自己的人手，无非是想要让自己的亲信占据重要职位，这样一来，无论国王想要做出什么决定，都要经过他的允许，否则一旦发动政变，西班牙政府就会立即被索里利亚分子挟持。阿玛迪奥一世深切地明白这一点，他绝不会坐以待毙。事实上，国王早就已经有了自己的打算，作为一名意大利人，阿玛迪奥一世对拯救西班牙人民于水火之中并没有多大兴趣，他的想法十分简单，在合适的时机里，退位是最好的选择。

当时的西班牙政府因为根基薄弱，党派之间整日忙于政治斗争，国王也无心在管理国家上多费什么力气，因此，经济萧条是必然的。虽然没有到民不聊生的悲惨境地，但是，这个时候的西班牙从社会最低层的劳动者到最高层的统治者，经济状况都不容乐观。

在担任发展部大臣一段时间后，埃切加赖又被任命为财政部大臣。这着实让埃切加赖摸不着头脑，他学理科出身，虽然曾经染指政治经济学，却并不是经济方面的专家，充其量是个"能掐会算"的数学家，怎么能担当得了财政部大臣的重任呢？不过，既然被安排到了这个职位上，埃切加赖还是愿意耐着性子将本职工作做好，这也是他一贯的工作作风。在如此混乱的政治局面下，也只有埃切加赖还会有心思去尽一个大臣应尽的责任。

第六章 决心弃政从文

1. 共和国的建立

1872年9月，新一轮的议员选举工作开始了。在选举过程中，各党派领导人仍然像从前一样游说民众推选自己党派的人入选，索里利亚更是通过各种努力使得两百多名自己一派的支持者进入了下议院，成为议员。这个情况其他党派始料未及，而国王阿玛迪奥一世却显得不慌不忙，一个计划正在他的脑中酝酿，他感觉到自己一直在苦苦寻找和等待的时机就要来临了。

由于一些候选人在议员选举过程中感到遭受了不平等待遇，他们便鼓动长期以来一直对新的西班牙政府极为不满的民众发起了新一轮的革命。像许多城市一样，马德里也爆发了一定规模的武装起义。索里利亚一面派兵镇压，一面要求国王给予自己更高的权力，他对自己在当时西班牙政府中的地位仍然不满。而阿玛迪奥一世则不作声地默许了索里利亚的反动之举，以便让自己的计划更加顺利地进行。

与此同时，借着西班牙又一次发动暴乱，从未停止过窥探王位的伊莎贝拉二世的叔叔唐·卡洛斯正在紧锣密鼓地安排在西班牙复辟波旁王朝的阴谋。早在1833年，唐·卡洛斯就曾经因为不满哥哥废除只允许男性皇室成员继位的萨里克继承法，而立伊莎贝拉二世为女王的情况在女王登基后发动了第一次卡洛斯战争。作为标准的顽固封建分子，卡洛斯主张恢复君主制和宗教裁判所，这为他赢得了更多的支持者。

1833年，卡洛斯在葡萄牙筹备了一段时间以后，便带领其拥护者组成的军队入侵伊莎贝拉二世统治中的西班牙，并迅速占领了西班牙北部的农村。当时伊莎贝拉女王只有3岁，大权完全掌握在她母亲玛丽亚·克里斯蒂娜的手中。克里斯蒂娜立即派遣军队前去镇压卡洛斯的叛军，双方在加泰罗尼亚和巴斯克尼亚展开了激烈的火拼。战争持续了7年，以卡洛斯的战败而告终。

卡洛斯战败之后，与伊莎贝拉女王签订了《贝尔加拉协定》，卡洛斯逃到了法国，之后一直在欧洲各国流亡。到1868年"九月革命"爆发，伊莎贝拉二世被迫退位逃往外国，曾经在法国与旧日的死敌卡洛斯有过一次谋面，即便波旁王朝已经在西班牙被彻底清理掉，双方依然是火药味十足的死对头。

到了1872年底，眼见西班牙政府的情况越来越不乐观，卡洛斯与伊莎贝拉二世自然而然地走到了一起，加上封建残余势力的拥护以及在西班牙新政府遭受冷遇的天主教的支持，卡洛斯开始积极地筹备第二次针对西班牙政权的战争。

1873年初，阿玛迪奥一世在索里利亚的胁迫下任命新一任由一名激进派成员担任的陆军大臣，这直接引发了军政部门各个军官的不满，导致了炮兵军官的集体辞职。索里利亚不但没有丝毫收敛，还要求国王将空缺的炮兵军官职位全部安排上索里利亚分子，并对搞集体辞职的军官进行军事制裁。2月11日，阿玛迪奥一世被迫签署了一道完全出于索里利亚意思的法令，对炮兵军官进行了不公平的制裁。

正当索里利亚感到得意之时，阿玛迪奥一世突然宣布退位，理由就是自己在签署针对炮兵军官的处罚法令时受到了索里利亚的胁迫。随后，国王带着刚刚分娩的王后和孩子们离开了西班牙，取道葡萄牙回到了意大利，继续做他的奥斯塔公爵，从此不再介入任何国家的政权。虽然阿玛迪奥一世在西班牙做了两年时间的国王，但是，他能真正行使国王权力的机会却并不多，甚至常常遭到胁迫。现在，重新做回自由自在的奥斯塔公爵让他感到非常满足。

虽然民主党与共和党也早就对国王感到不满，但是，阿玛迪奥一世宣布退位的做法还是让他们始料未及。上下议院立即坐到了一起商讨西班牙政权的出路，虽然很多人尤其是激进派仍然支持君主立宪制，但是上一次任命的失败就活生生地摆在眼前，卡洛斯又一再煽动人们支持伊莎贝拉二世的儿子阿方索十二世成为新的西班牙国王。但这个时候成立共和国显然成了最明智的选择，至少可以暂时解决燃眉之急。

在阿玛迪奥一世宣布退位的当天，上下议院组成的国民大会通过投票以258票对32票的压倒性结果宣布成立西班牙共和国，这是西班牙历史上第一个共和国。共和国临时政府很快被组织起来，来自加泰罗尼亚的著名律师埃斯塔尼劳斯·菲格拉斯成了第一任临时总统，共和派和民主派分别选了三名代表进入内阁辅佐临时总统，其中埃切加赖作为民主派的代表也进入了内阁。

不过，共和派和民主派很快又在新的临时政府中争斗了起来，作为临时总统的埃斯塔尼劳斯经常被视作空气。无论是共和派还是民主派，现在心里想的只有一件事——尽快使自己成为西班牙新政权的主人。1873年2月底，在争斗中暂时占了上风的民主派立即宣布解散旧的内阁，选出20名中间派组成常务委员会，暂时打理临时政府的政务，直到共和国权属问题解决为止。

2. 身处险境的常务委员

当阿玛迪奥一世正式宣布退位并离开西班牙前往葡萄牙的时候，由于民主派与共和派之间对谁来领导即将建立起来的新政权纠缠不清，因此，一个以中间派为主要成员的常务委员会被组织起来，主要负责新旧政权过渡期的政务处理，并监督新政权在公正、合理的情况下被建立起来。埃切加赖应该算是以克里斯蒂诺·莫雷托斯为首的民主派的拥护者，不过，因为他的政治思想没有莫雷托斯那样激进和极端，埃切加赖也拥有了常务委员的身份。

虽然表面上一团和气，但在新政权没有建立起来之前，共和派和民主派之间的矛盾越来越深。两派之间的争斗无非集中在由谁来做新政权的直接领导，他们并不像现在很多欧美国家那样愿意合作轮流执政，一心想的就是将对方打倒，从而稳稳地坐上代表国家最高权力的位置。共和派与民主派的这场暗中较量被莫雷托斯率先发起的政变所打破，斗争一触即发，各党派之间发生了武力冲突，纷纷想要占领常务委员会的驻地。

一些常务委员在刚刚嗅到不祥的战争气味的时候就悄悄溜走了，大部分人在武装分子闯入之时四散而逃，不过，也有一些真正具有爱国心的常务委员决定留下来利用手中的权力解决这次纷争，其中就包括埃切加赖。显然，留下来的爱国人士过分高估了武装分子的理智程度，这些极度亢奋的武装分子冲入常务委员会驻地之后立即将留下来的几位常务委员包围，并扬言要对埃切加赖等人实施残害。

幸好这时共和派的卡斯特拉尔匆忙赶来，将几位常务委员解救了出来。在护送常务委员逃跑的过程中，街上的一个暴民认出了埃切加赖，于是被呼应起来的民众将埃切加赖包围，处于疯狂状态的暴民高喊着处死埃切加赖，这个场景着实让埃切加赖感到恐惧。在民众戳点、拉扯埃切加赖的时候，卡斯特拉尔再次挺身而出，以民主派爱国人士的名义将埃切加赖救了下来。

埃切加赖在卡斯特拉尔的保护下逃到街上一家俱乐部，想暂时躲避群情激愤的民众，却被固执的门卫挡在门口，无论如何也不许他进入。埃切加赖又仓皇地向前逃去，直到夜色已深，他看到一家小旅馆，于是敲门希望可以在这里住上一夜，天亮后再从长计议。然而，因为暴动的发生，人们的神经都紧绷了起来，敏感的店主发现埃切加赖是一名常务委员，连忙将他赶了出去。

因为夜已深，街上的人群渐渐散去，黑暗中也不好分辨谁是常务委员，埃切加赖继续慌乱地在街上奔走，直到回到卡斯特拉尔帮他解围时旁边的那家拒绝他进入的俱乐部。巧合的是，刚好有几个心胸广阔的西班牙人发现了埃切加赖，主动提出请他到俱乐部里暂时躲避，并愿意帮助他想出一条利于逃跑的万全之策。埃切加赖十分感激这些人慷慨的帮助，并接受他们的建议，在形象上做了一些改变。

埃切加赖剪掉了胡子，戴上了一顶低下头能遮住脸的帽子，其中一个人还将自己的斗篷送给了他，这样一来，经过乔装的埃切加赖能够更加容易地在暴民眼皮底下顺利逃脱。按照这些好心人的安排，埃切加赖先是从俱乐部的后门出去，顺着一条偏僻的小路来到一家妓院，那里的一位妓女听说是她的朋友安排埃切加赖来找她的，于是帮助埃切加赖在妓院度过了漫长的一夜，暴民们绝对不会想到常务委员埃切加赖会躲在妓院里。

第二天，乔装打扮的埃切加赖混过了层层关卡，终于安全回到了家中。一夜未归的埃切加赖看到妻子和女儿的时候激动万分，三个人拥抱在了一起。这一天一夜的经历简直像是一场噩梦，妻子安娜一夜未睡，担心得不得了，这让埃切加赖感到十分内疚。埃切加赖再一次深刻地体会到政治让人厌恶的一面，他再也不想继续过这样的生活了。但是，面对如此混乱的政治局面，想要过回从前那样的生活恐怕没那么容易了。

几天之后，暴乱的热度逐渐降低，恢复理智的人们不再坚持将常务委员抓住处死的荒谬想法，不过，人们还是决定起诉常务委员们，其中也包括埃切加赖。得到这个消息，刚刚死里逃生的埃切加赖面对再一次陷入危机之中的窘境不得不马上想出一个万全之策，无论如何不能在家中坐以待毙。况且，作为常务委员的埃切加赖认为自己一直在为国家和人民效力，从来没有做过什么对不起良心的事情，被起诉让他痛不欲生。

几番考虑之后，埃切加赖决定像其他一些常务委员一样，暂时离开祖国。在这种情况下的离开其实与逃亡相差无几，这让埃切加赖想起了被赶下台的伊莎贝拉二世和自动退位的阿玛迪奥一世以及从前很多被迫流亡外国的将军和大臣们。在政治上，无论是君主还是大臣，随时都有可能陷入危险之中，而此时此刻，让埃切加赖感到最抱歉和痛心的就是妻子安娜要跟他一起度过一段流亡日子了。

3. 逃往巴黎

在政权纷争陷入一片混乱之中的西班牙，为了躲避突如其来的人身危险，埃切加赖不得不做出暂时携家人离开祖国的决定。由于此前曾经两次因公前往巴黎，因此，埃切加赖首先想到了法国。行程被迅速拟定，埃切加赖帮助妻子打点好家中的一切，带上较为轻便的行李，即刻出发前往巴黎。与昔日组团出国考察完全不同，说埃切加赖是"逃"到法国去的一点也不夸张，从家到港口的路上，他和家人必须小心谨慎，不能让人认出他。

1873年夏日里的一天，风尘仆仆的埃切加赖带着家人踏上了法国的领土，这个时候他终于松了一口气。抵达巴黎之后，为了节约开支，埃切加赖将一家人安顿在位于偏僻街巷的小旅馆里。因为仅仅是出于政治避难的目的在被迫的情况下才来到法国巴黎的，因此，埃切加赖并没有打算在巴黎开展什么新生活，只是静静地等待，等到国内形势有所好转的时候，他会第一时间带着家人回到祖国。

安顿好一切之后，埃切加赖带着家人在巴黎的街道上散步。在此之前，埃切加赖曾经借公费出差的机会几次游览过巴黎这个梦幻之都。那个时候，因为差旅费十分充足，埃切加赖与安娜一起度过了很多美好的日子，充分享受了旅行带给他们的乐趣。此时此刻，同样是走在巴黎繁华的街道上，同样是挽着安娜的手散步，心情却完全不同了。无论是多么美好的景色，在这对逃亡者的眼中多少都带了一些忧伤的色彩。

因为是逃亡到法国的，埃切加赖的这次行动没有任何额外的经济支持，一切费用都要从他与安娜多年攒下来的微薄积蓄之中来，这使得他们不敢在巴黎购买生活必需品以外的其他任何东西，唯恐西班牙的混乱局面还没有明朗的时候就已经无法继续在巴黎的逃亡生活了。为了节约开支，一家人很少在外面吃饭，常常是凑合着吃一些小旅馆提供的并不好吃但很便宜的食物。

这种窘迫的生活让埃切加赖想到了他只身一人在马德里准备报考大学的那段日子。想想看，那个时候为了节约，埃切加赖不仅要忍受小旅馆又脏又差的环境和难吃的饭菜，还常常饿着肚子看书，为了避免因为饥饿导致的精力不能集中，他必须每隔一段时间嚼一个生栗子以缓解饥饿感。再怎么说，现在的境况也比那个时候强不少，旅馆的卫生条件还不错，食物也够吃，至少不会饿肚子，还有什么不满足的呢？

在埃切加赖逃亡巴黎的日子里，西班牙混乱的政局在很长时间里都没有被理清。不过，共和党与民主党这个时候的斗争已经不像从前那样激烈了，毕竟谁也不想将国家变成一个无可救药的烂摊子之后再接管。西班牙的政体还是以共和国为基础，不过在很短的时间里，总统的人选被换来换去，每一任新总统上台之后都会引发两派人士之间的争斗。

西班牙共和国的第一任临时总统埃斯塔尼劳斯·菲格拉斯在埃切加赖还是共和国内阁成员的时候就因为懦弱无能而被赶下了台。

无政府状态下的常务委员会被解散之后，新的总统被推选出来——同样是律师出身的弗朗西斯科·伊·马尔加。然而，面对纷乱的西班牙政局，任何一个总统都不可能做长久，很快，第三任总统尼古拉斯·萨尔梅龙换下了前者，马尔加只能做回老本行，在马德里开办了一家小的律师事务所。

萨尔梅龙在政治上并没有什么建树，实际上，换了任何一个人恐怕也对西班牙混乱情况无能为力，更多的时候，总统只不过是一个傀儡，完全做不了国家的主。很快，萨尔梅龙在四处碰壁、饱受夹板气之后离开了总统的职位，重新回到学校做他的教授工作，继而第四任总统埃米利奥·卡斯特拉尔顺利上位。

卡斯特拉尔是共和派的成员，在阿玛迪奥一世统治时期他曾经是政府中很有地位的大臣，可以说在处理政治事件方面是具有一定能力的，因此，他在短命的西班牙第一共和国的总统位置上还算是走得比较远的。埃切加赖回国之前，共和国政府都是由卡斯特拉尔管理着，直到马德里守卫司令帕维亚将军发动政变将议会解散之后才被迫下台。

埃切加赖在法国的日子过得越来越拮据，他没有找任何工作，只想西班牙政府能尽快稳定下来，好能回到马德里土木工程学院继续当他的数学教授。由于手头拮据，埃切加赖很少逛街，多数时候都是待在小旅馆里看书。不过，为了减轻旅途的劳累，埃切加赖只带了很少的书籍，在漫长的6个月时间里，这些书被他反复阅读直到厌倦，生活十分无聊。巴黎的文化虽然十分发达，埃切加赖却没有钱参加社交活动，甚至舍不得买上一本好书。

当埃切加赖对这样百无聊赖的日子感到厌烦的时候，从西班牙传来了好消息，新上任的总统弗朗西斯科·塞拉诺暂时稳定了西班牙的政局，埃切加赖终于可以回国了。这个时候的埃切加赖经济情况已经十分困窘了，他带着一家人回到马德里之后便迅速回到马德里土木工程学院任教以赚取生活费。

4. 新政府的委任

在巴黎侨居了半年的时间以后，埃切加赖于1874年初返回了马德里。埃切加赖的想法十分简单——回到马德里土木工程学院继续任教，过像没参与政治以前一样的快活日子，与妻子和女儿一起享受天伦之乐，没有什么比这个更能让他感觉幸福的了。

当时的西班牙临时政府已几经易主，正由托雷大公弗朗西斯科·塞拉诺出任总统。埃切加赖一回国便再一次被政府任命为财政大臣，既然身处西班牙混乱的政局之中，为国家出一份力也是应该的，况且财政部与民生也有着很大的联系，埃切加赖也想为萧条的西班牙经济做出一点贡献，于是，经过深思熟虑之后，埃切加赖决定出任新政府的财政大臣。

事实上，塞拉诺迟迟找不到财政大臣的合适人选并不是因为西班牙国内缺少人才，而是迫于当时西班牙国内紧张、混乱的局势，财政部已经成为西班牙政府中最为累人的烂摊子，没有人愿意费力不讨好地去蹚这趟浑水。或许是出于科学家的执着和勇敢，埃切加赖在明知道财政部是烫手山芋的情况下仍然答应出任，难道不怕再一次被政治打乱自己平静的生活吗？他是不是已经有了应对的办法呢？答案是肯定的。

早在伊莎贝拉二世统治时期，西班牙经济就由于女王对政事的懈怠而逐渐走上了下坡路。从1868年9月伊莎贝拉二世被赶下台到1871年1月奥斯特公爵以阿玛迪奥一世的身份登上西班牙新政权的王位，长达两年多的时间里西班牙一直处于无政府状态，这大大消耗了国家的财力，经济发展也停滞不前。新国王上任之后虽然并无昏庸之举，却整日陷于党派之间无休止的竞争，完全没有精力照看国家，导致西班牙经济严重衰退。

面对国库空虚的紧急形势，埃切加赖绞尽脑汁，希望可以为西班牙找出一条出路。当时的西班牙政府已经陷入了赤字的深渊，正在前方与卡洛斯交战的军队面临着断饷的危险，周围国家也没有人愿意借钱给西班牙，政府公职人员的薪水也已经被拖欠多时。作为纳税人的普通民众更是怨声载道，在经济萧条的情况下自保已经十分困难，还要支付政府收取的高额税赋，最让人心寒的是，税收只有极小的一部分用于民生，其他均充作军饷。

当时在西班牙市面上流通的货币是以实体的金币和银币为主的，亏空的国库当然没法拿出金子和银子去铸造钱币，这个时候，埃切加赖想要效仿其他欧洲国家，推行纸币。但是，政府要想印制纸币，就必须以银行为依托，也就是说，只有银行有相应数量的金银货币储备，才能印制同等的货币在民间发行，否则势必让经济陷入通货膨胀的恶性境地。但是，开一家银行谈何容易，何况还是在战乱不断的西班牙。

埃切加赖经过种种努力，打通了各种关系，在得到总统塞拉诺的坚定支持之后终于创办了西班牙国家银行。这个银行坐落于马德里著名的西贝莱斯广场，由财政大臣埃切加赖直接管理。成立了国家银行之后，埃切加赖马上投入通过信贷方式为政府解决财政危机的工作之中。埃切加赖首先提议以5%的高额利息在西班牙国内发行国债，这一提议很快在议会上顺利通过并予以实施。

第一次国债总共发行了5亿比塞塔，暂时解决了西班牙政府的对外债务。不过，好景不长，对外债务才解决没多久，西班牙人民就对国债不买账了。由于担心政府无法兑现到期应该支付的利息，甚至亏空的国库很可能拿不出现钱来偿还购买国债者的本金，因此，国债在黑市上的价值一贬再贬，最后严重到只能以票面价值的5%进行流通，这直接导致西班牙政府无法进行第二次国债发行。

面对这种情形，埃切加赖感到了前所未有的压力。从接任新政府的财政大臣到创办国家银行，再到引进国债模式为政府亏空的国库集资，埃切加赖所做的一切努力都是想要保持政府职能的正常运行而已，然而，国债债券的迅速贬值是他之前没有料到的，如何才能让千疮百孔的西班牙财政扭转乾坤呢？埃切加赖苦思冥想了几个晚上，终于想到了一个需要冒险但很可能成功的办法。

埃切加赖想出来的办法就是以国家银行的名义高价回收国债债券，当初拟定的债券利息是5%，现在埃切加赖就以高于这个利息水平的利润来回购国债，甚至一度达到了债券面值的1.5倍之高。从来没有经历过这种事情的西班牙人民一开始并不理解政府这样做的目的是什么，担心又是什么阴谋，直到有人壮着胆子将自己持有的债券卖给国家银行并赚到了高额的利润，人们才相信这是真的。

这样一来，西班牙国家银行发行的债券马上有了大幅度的升值，即便政府很快就暂停了回购，债券依然受到民众的追捧，埃切加赖便趁热打铁又发行了一次国债，为西班牙政府募集了大量资金。从来没有系统学过金融的埃切加赖在处理财政问题时竟然如此敢想敢做，使他很快成了西班牙政府炙手可热的红人。不过，没人知道，此时此刻，埃切加赖的心中正在酝酿着退出政坛的计划。

5. 走上文学道路

虽然结束逃亡生活回到祖国的埃切加赖已经通过出色的表现在西班牙政坛暂时站稳了脚跟，然而，这位新崛起的政治明星却已经对自己的人生有了另外的打算。在巴黎的逃亡过程中，由于经济紧张，埃切加赖曾经再一次想通过撰写剧本的方式挣点外快，以备不时之需。在那个时期里，埃切加赖在没有事务扰身的情况下潜心完成了一部独幕剧，命名为《支票簿》。

从巴黎回到马德里之后，埃切加赖在出任新政府财政大臣的同时，也在积极地筹备将自己呕心沥血创造的剧本搬上舞台。在此之前，无论是与好友合作还是完全自己创作，埃切加赖已经有过几部作品，他也曾经多次做过将剧本搬上舞台的梦，不过，每一次托朋友帮忙得到的答复都是"剧本不错，但最近作品很多……"这种搪塞的话语对一个刚刚开始搞创作的人来说无疑十分伤人。

不过，不管别人如何评价自己的作品，埃切加赖每一次都全身心投入创作之中，因此，这些剧本在他的眼中都像自己的孩子一样，它们是纯洁的、完美无瑕的。这一次，埃切加赖鼓足勇气想亲自把自己的剧本推销出去，一方面是出于对成功的渴望，希望自己的努力可以得到别人的认可；另一方面，如果能像弟弟那样凭借剧本创作一炮而红，从而走上剧作家的道路，埃切加赖就可以顺理成章地完成从政治家到文学家的转变了。

虽然决定亲自推销自己的剧本《支票簿》，敏感的埃切加赖却用另一种方式将自己与剧本划清界限，这一方面是出于对自己政治身份的保护，另一方面还是源于对自己创作才能的不自信，而他所采用的方法就是为剧本假设另一位完全虚构的作者——豪尔赫·阿耶塞卡。这样一来，即便剧本没有得到认可甚至是遭到了嘲笑，在表面上看来也与埃切加赖无关；同时，阅读剧本的人也会对埃切加赖提出更为中肯的意见。

在那个时代，初出茅庐、没有名气的剧作家或剧作爱好者想要使自己的剧本登上舞台，一般情况下都是直接到后台找导演、编剧甚至演员，请他们阅读自己的剧本，因此，埃切加赖也选择了一位曾经接触过的著名女演员——马蒂尔德·戴斯。

这一次，埃切加赖拿上剧本《支票簿》来到剧院，不是来看戏，而是径直走向后台的化妆间，找到了马蒂尔德。自从西班牙的政治陷入混乱之中后，经济也变得越来越萧条，到剧院看戏的观众越来越少，演员也不如从前受重视。这位女演员对财政大臣埃切加赖的到来很惊讶，在寒暄了几句之后便询问埃切加赖此行的目的。

埃切加赖谎称在巴黎逃亡时认识了爱好剧本创作的豪尔赫·阿耶塞卡，经常就剧本创作的问题在一起交流意见，埃切加赖认为他是一个很有天赋的剧作家。回到西班牙之后,这位豪尔赫·阿耶塞卡还常常与埃切加赖联系,这一次,他寄来了一部新创作的剧本,希望埃切加赖可以帮他为这个剧本在西班牙找找出路。虽然这些内容都是杜撰的,埃切加赖说起来却跟真的一样,十分符合他剧本创作爱好者的思维。

马蒂尔德欣然答应了埃切加赖的要求,要他留下剧本,她会好好拜读,埃切加赖满怀希望地离开了化妆间。不过,埃切加赖不会知道,马蒂尔德根本没有将这件事情放在心上,当埃切加赖感到不对劲时,时间已经过去了几个星期。当埃切加赖再次来到马蒂尔德的化妆间时,惊讶地看到放在一旁落满灰尘的《支票簿》,感到十分气愤。

埃切加赖将自己的遭遇说给了好朋友马里亚诺·卡雷拉斯,并如实地告诉他自己才是《支票簿》真正的创作者。卡雷拉斯为埃切加赖抱不平,他答应会帮助埃切加赖直接将剧本交给剧场的当家人马努埃尔,并会尽力帮他说服马努埃尔将剧本进行排演。

比起埃切加赖,卡雷拉斯更擅长如何揣测别人的心将剧本推销出去,他找到了为剧场上座率持续低迷而发愁的马努埃尔,开门见山地问他是否愿意在他的剧院排演一出由财政部大臣亲自创作的剧本。这个消息让马努埃尔感到十分震惊,至少在此之前从来没有听说过有哪位政客有这种爱好,财政大臣亲自创作的剧本如果能上演的话,肯定会为剧场吸引更多的观众。不过,马努埃尔很快意识到演出是否卖座最终会由剧本的质量决定,于是提出要先看剧本。

看过剧本之后的马努埃尔十分高兴,虽然《支票簿》还称不上是多么完美的剧作,但也绝对有搬上舞台的潜质,只是需要再进行简单的加工和润色。马努埃尔很快邀请埃切加赖到他的阿波罗剧场商议排演剧本的事宜，埃切加赖表示出于政府机要大臣的身份问题，希望仍然用豪尔赫·阿耶塞卡这个假名字进行发表。一切商定完毕，《支票簿》正式被提上了排演日程，并确定由知名演员马蒂尔德·戴斯、安东尼奥·维戈和米格尔·塞皮略出演。

第七章 厚积薄发的戏剧天才

1. 《支票簿》首演成功

马努埃尔曾经向埃切加赖承诺会以豪尔赫·阿耶塞卡这个笔名发表他的作品，避免给埃切加赖的政治生活带来不必要的麻烦。不过，埃切加赖的好友卡雷拉斯却并没有守口如瓶，他禁不住向前来观看《支票簿》彩排的诗人坎博阿莫尔透露了实情，后者对此感到十分惊讶，在他的眼中，埃切加赖只有科学家和政治家这两个形象，没想到竟然还有文学方面的天分，更让他感到意外的是，《支票簿》的确可以算得上是近些年质量十分不错的剧本。

随后，经过口口相传，知道《支票簿》出自埃切加赖手笔的人越来越多，人们纷纷为自己的政府竟然还有多才多艺的艺术家而感到意外。对马努埃尔来说，人们的流言就是《支票簿》最好的广告，他很高兴有人替他将埃切加赖的身份曝光。不过，当消息辗转传到政府公职人员耳朵里时，有一个人在震惊之余感到十分气愤和担心，这个人正是一直想将埃切加赖禁锢在政治道路上的莫雷托斯。

对真正的政治家来说，任何有可能动摇自己政治地位的因素都应该尽量避免，虽然埃切加赖并不想成为政治家，不过，莫雷托斯却以十分不理解的态度想要继续干涉埃切加赖的行为。埃切加赖一上班就被莫雷托斯请到了自己的办公室，在向埃切加赖证实了街上关于埃切加赖的剧本将在阿波罗剧场上演的传言之后，莫雷托斯直接表达了自己的震惊、不满和担心。

虽然看得出埃切加赖的态度十分淡然，不过，莫雷托斯还是希望通过苦口婆心的劝说使他放弃剧本上演这个想法。当时的西班牙政局依然处于动荡之中，共和派和民主派之间的竞争相当激烈，两派人士总是极力想找出对方的瑕疵，企图将任何一点不和谐的蛛丝马迹夸大为整个政党的不负责任，以便使得自己一方的政治地位得到更好的稳固。埃切加赖在这个时候将剧本在阿波罗剧场上演，基本上就等于是在自掘坟墓。

如果剧本真的进行公演的话，共和派很有可能会揪住其中的几句台词不放，将埃切加赖甚至整个民主派置于死地。莫雷托斯诚恳地向埃切加赖说出自己的想法，没想到后者似乎对此并不在意，依然决定我行我素。

埃切加赖面无表情地甩给莫雷托斯一段话："我对您的尊重您是知道的，无论是在工作方面还是政治信仰方面，我都对您十分钦佩……但是，您的这一番说辞我实在是不能接受，政治上的敌人想要做些什么是他们的事，如果真的因为这种问题就导致西班牙政府的覆灭，我也只能表示很遗憾……不管怎么说，《支票簿》一定会如期在阿波罗剧场进行首演，也欢迎您前去观看。"

这番话激怒了莫雷托斯，他深切地感到想要改变埃切加赖的想法恐怕是无望了，他甚至从这些话中听出了一些不太对劲的东西——比如，也许埃切加赖又想从政坛上逃离了。莫雷托斯想的没有错，埃切加赖早就在心中做好了打算：如果《支票簿》能大获成功的话，他就可以立刻辞职，毫无留恋地离开政坛，在以后的日子里可以靠写剧本为生。

1874年2月18日，在一切准备就绪后，《支票簿》在阿波罗剧场顺利地进行了首演。由于之前的"广告"效应，前来观看首演的人数远远超出了马努埃尔的预料，演出票被一抢而空，甚至很多人因为没有买到票而迟迟不肯离去，人们都想看一看埃切加赖这位高高在上的财政大臣的文采究竟如何。结果精彩的剧本与卖力的演员合二为一，为观众献上了一场精彩绝伦的表演。

演出结束之后，观众用雷鸣般的掌声表达着对这场戏剧表演的充分认可，并齐声高呼希望《支票簿》的作者能到台上与观众见面互动。虽然所有观众都知道剧本真正的作者埃切加赖就在后台，但是，因为剧场方面一直坚称作者是虚构的豪尔赫·阿耶塞卡，从来没有在公开场合提到埃切加赖，所以，此时此刻剧场也只能借口作者在巴黎居住来婉拒观众的要求。接下来几天的演出中，《支票簿》以场场爆满的佳绩向人们证明了埃切加赖的实力。

虽然从字面看来《支票簿》应该是与金融家相关的著作，但实际上它讲述的是一个关于感情的故事：成功人士卡洛斯与妻子玛丽亚本来过着幸福美满的日子，不想却因为一个名叫洛丽塔的女人的介入而使夫妻关系岌岌可危。玛丽亚本来不知道丈夫的背叛，她的倾慕者为了得到她而将卡洛斯写给洛丽塔的情书交给她，希望能借此终结他们的夫妻关系。不过，玛丽亚最终借用这些情书巧妙地使丈夫认识到了错误。

随着《支票簿》首演的成功，埃切加赖也感到自己是时候离开政治舞台了，于是，在除了莫雷托斯以外任何人都没有防备的时候，财政大臣突然向政府递交了辞职书，宣布此后自己将离开政治舞台，专心从事文学创作。埃切加赖的这一举动虽然让整个西班牙感到意外，不过，人们还是以宽阔的心胸接纳了剧作家埃切加赖。

2. 剧作家埃切加赖

从喜欢到剧院看戏到鼓起勇气自己创作剧本，再到呕心沥血完成的独幕剧《支票簿》的首演成功，过程虽然相当漫长，但是埃切加赖总算在不懈的坚持下实现了自己长久以来的梦想，这让他感到无比欣慰。虽然在《支票簿》公演的时候并没有正式提到埃切加赖的名字，但是，无论是剧场工作人员还是普通观众，都知道剧本背后的秘密，埃切加赖也以剧作家的身份正式走入了文学艺术的世界。

虽然莫雷托斯仍十分担心，但是，事实证明，无论是《支票簿》的上演还是埃切加赖的辞职，都没有在西班牙政局引起轩然大波，即便是敌对党派对埃切加赖看似不负责任的做法颇有微词，却也没有动摇自己党派的地位。既然如此，只要埃切加赖觉得满意，莫雷托斯也就没什么好说的了，他只是暗暗地告诉自己，以后再也不会像从前那样固执地将埃切加赖请回政坛了。

正式办理了辞职手续之后，脱掉政治外衣的埃切加赖贪婪地享受着重获自由和新生的幸福感，决定先到位于格拉纳达省的幽静山林散散心，享受一下清闲的生活。在休养生息的这段时间里，埃切加赖并没有停止创作，演员马蒂尔德和安东尼奥表演《支票簿》的身影不断地在他眼前浮现，使他又有了新的灵感，在很短的时间里就写下了另一个剧本——《复仇者的妻子》，并在仔细修订之后拿给了马努埃尔。

《复仇者的妻子》是一部三幕悲剧，讲述了一段曲折离奇的爱情故事：

帕切科伯爵有一个双目失明的女儿，名叫奥罗拉，眼科医生费尔南多深深地爱着她，并尝试各种办法想要治好心上人的眼睛。费尔南多费尽周折，终于用医术使得奥罗拉重见光明，年轻人卡洛斯在街上遇到了美丽的奥罗拉，并在她不知情的情况下与她一见钟情。

卡洛斯的父亲在帕切科伯爵的直接影响下被害身亡，作为儿子，卡洛斯一直想要寻找机会替父报仇，不过，他并不知道自己爱着的奥罗拉是仇人的女儿。一天下午，卡洛斯跟踪帕切科伯爵到了偏僻的街巷并亲手杀了他。正当卡洛斯为替父亲报了仇而感到欣慰的时候，奥罗拉看到了这个血腥的场面并再次双目失明，杀人者卡洛斯的形象也深深地留在了她的脑海中，这让卡洛斯十分内疚。

除了奥罗拉以外，没人见过杀害他父亲的凶手，而她又双目失明了，因此，卡洛斯并没有遭受到人身威胁。奥罗拉发誓要为父亲报仇，并承诺如果谁能帮助他手刃凶手就嫁给他。一天，歹徒劫持了奥罗拉和她的母亲，正好卡洛斯路过，他奋力地与歹徒搏斗，救下了母女俩。虽然奥罗拉能认出卡洛斯的面容，却听不出他的声音，因此，在化名洛伦索的卡洛斯的狂热追求下，双目失明的奥罗拉很快与这位救命恩人坠入了爱河。

奥罗拉再次失明后，一直暗恋她的费尔南多医生便走遍大江南北为心上人寻医问药，终于在异国他乡找到了能够医治失明的神奇药水。回国后的费尔南多想要尽快治好奥罗拉的眼睛，却发现她已经与卡洛斯相恋了。

刚好卡洛斯曾经救过费尔南多的命，当他得知费尔南多要用神奇药水医治奥罗拉的眼睛时便恳求他不要这么做，并将自己为父报仇杀害帕切科公爵的事情告诉了费尔南多。费尔南多同样深爱着奥罗拉，不愿意自己的心上人一直蒙受双目失明的病痛，在与卡洛斯争吵之后，他还是义无反顾地治好了奥罗拉的眼睛。

当奥罗拉重见光明之时，她最想看一看的就是一直深爱着的恋人的脸庞，却发现洛伦索就是杀父仇人卡洛斯，她顿时陷入了痛苦的深渊之中。卡洛斯也因为内疚而选择了自杀。费尔南多趁机向奥罗拉表明自己的爱意，希望能代替洛伦索成为她的爱人，而奥罗拉却拒绝了他，扑倒在卡洛斯的尸体上痛哭起来。奥罗拉一边抽泣一边发誓，自己将永远是卡洛斯的妻子，因为正是乔装洛伦索的卡洛斯亲手杀死了她的杀父仇人——卡洛斯本人。

1874年11月14日，《复仇者的妻子》经过紧张、认真的排演后在剧院正式公演，受到了观众的一致好评。埃切加赖用曲折离奇的故事情节和精彩的台词再次证明了他作为剧作家的实力。文学评论家也纷纷赞扬埃切加赖的想象力和文笔，认为他创作的精彩绝伦的剧本让西班牙文学重新找回了黄金时代的辉煌感觉，埃切加赖的形象立即变得高大了许多，虽然他只是出于个人兴趣才走上文学道路，却在阴差阳错中成了西班牙文学的复兴者。

在铺天盖地的好评和赞扬不断向埃切加赖袭来的同时，这位新兴剧作家的创作欲望和创作灵感也被无限地激发出来，他将在身体里积蓄了多少年的文学力量一股脑儿地发挥出来，酣畅淋漓地享受着剧本创作为他带来的幸福感。继伟大的科学家、成功的政治家之后，埃切加赖又成功地转型成为深受观众喜爱的剧作家，不断地散发属于他自己的独特的光彩。

3. 有成功就有失败

1874年，被公开进行首演的埃切加赖的第一个剧本《支票簿》与第二个剧本《复仇者的妻子》都为他赢得了极高的声誉，到了1875年，埃切加赖便趁热打铁又写了两部戏剧，不过，其中的三幕剧《最后一夜》不但没有像前两部那样大红大紫，反而受到了铺天盖地的批评，有人甚至怀疑这样糟糕的作品应该不是出自埃切加赖之手。

这也是埃切加赖的特点，他一生所著的剧本，要么被好评推上天堂，要么被差评踩下地狱，每一次都会激起观众的强烈反响。在埃切加赖走上文学道路之前，西班牙的剧场已经由于连年的内战和混乱的政局而变得萧条不堪，至少一半以上从前喜欢看戏的人因为经济或其他原因而冷落了剧院，这使得西班牙戏剧创作的发展受到了严重的阻碍。

埃切加赖的出现使得西班牙的剧场再次活跃起来，因为备受关注，在写出不好的作品时受到的批评也像受到好评时那样铺天盖地。实际上，《最后一夜》并不是埃切加赖独立完成的剧本，而且埃切加赖对这个剧本的创作实际上早于《支票簿》的创作，因为这个剧本正是根据当年埃切加赖与布洛克曼商议合写的那部《银行家》改写的。或许是因为那个时候的创作能力还不够强，导致观众对《最后一夜》不买账。

看着《最后一夜》首演之后剧场的上座率越来越低，埃切加赖心里非常不好受，但是并没有因此丧失对剧本创作的兴趣和信心，仍然坚定地走在文学创作的道路上。不过，埃切加赖的性格就是这样，在《最后一夜》受到广大观众的非议之时，他并没有走出去四处询问人们的意见，而是将失败的一页完全揭过去，将自己憋在家中潜心进行下一个剧本的创作，想要用事实来证明自己的实力。

《最后一夜》首演失败后，埃切加赖在很短的一段时间里便迅速完成了另一个剧本《在剑柄里》。一次失败并不代表什么，剧院还是十分愿意排演埃切加赖的作品，很快，《在剑柄里》在剧场首演并受到了观众一致的好评，埃切加赖又一次赢得了盛大的赞誉，事实证明他并不是文坛上昙花一现的偶然奇迹，他要将命运牢牢地掌握在自己的手里。

在埃切加赖的创作生涯中，成功与失败总是交替出现的，虽然在《最后一夜》失败之后埃切加赖用多部优秀作品弥补了自己的过失，但是仍然不能阻止某些作品遭遇观众的不满情绪，1878年创作的《有几次在这儿》就是这种情形。

《有几次在这儿》是在1878年底上演的，虽然那个时候埃切加赖已经用很多部精彩的作品稳固了自己作为西班牙当时最好的剧作家的地位，但是奔放的西班牙人很少能控制住自己不满的情绪，在首演还没结束的时候，台上的演员们就得到了满堂的倒彩，场面极为尴尬。幸好出演埃切加赖作品的演员多是身经百战的知名演员，大家才没有乱了阵脚，总算是在一片嘈杂声中完成了全部演出。

这样失败的首演当然会导致后面的场次遭到冷遇，为了避免不必要的损失，剧场经理很快便将《有几次在这儿》从排演档期上拿了下来。

几个月之后，埃切加赖用一部《在死亡的怀抱里》为自己挽回了面子。有过两次失败经历的埃切加赖此时已经不那么看重观众对自己作品的评价了，他的创作也绝不是为了赚钱或是迎合某些人的口味。对埃切加赖来说，创作剧本只是将他内心中隐藏的一些东西释放出来而已，他必须要按照自己心灵的指示去那样做，即使失败了也不后悔。

1879年12月30日，西班牙剧院首演了埃切加赖的新作品《无边的海洋》。虽然演员在排演时就已经有了不好的预感，但是没有人想在伟大的剧作家面前坚持自己的意见，毕竟他们只是演员，做好自己分内的事情就好了。

首演如期举行，观众对故事情节和台词都感到十分不满，他们甚至用集体跺脚的方式表示抗议，眼看台上的演员们就要压不住阵脚了，三幕剧中最为精彩的最后一幕拉开，人们才渐渐安静了下来，不过走出剧场后仍表达着自己的失望情绪。

在此之后，埃切加赖还有几部作品遭遇了首演的失败——《想得不对，你猜得出吗？》《为他人作嫁衣或最后的施舍》《将受到惩罚的诽谤》《疑团》《黑衣人》《平静的死去》和《登上王位的阶梯》，这些作品或是得到了观众此起彼伏的倒彩，或是毁誉参半，总之都没有达到作者埃切加赖的预期效果。不过，在埃切加赖一生的丰富创作中，这些失败的作品只不过是极为微小的污点，完全遮盖不了埃切加赖不停散发着的光辉。

4. 马德里的剧场

在埃切加赖出现之前，西班牙戏剧也曾经有过辉煌灿烂的时刻。

如果追溯本源，西班牙戏剧是从中世纪的基督教宗教宣传开始的。节日期间，在教堂内外演出的《圣经故事》《圣徒事迹》《耶稣生平》，逐渐与庆祝节日的民间歌舞、哑剧、游行、滑稽表演等结合，成为那个时期群众性的娱乐表演。宣传宗教的剧本叫作"圣礼剧"，最早的保存至今的脚本残稿是《三王剧》。1264年，教会规定基督圣体节为全年最重要的节日，节日期间宗教表演逐渐形成为固定的程式，此后圣礼剧的表演一直延续了三百余年。

到了15世纪，节日演出开始受到宫廷、贵族和文人的关注，戏剧逐渐从宗教的性质向世俗的内容转移。16世纪中期，西班牙戏剧已经形成其独特的演出风格和方式：一次演出往往表演一出以上的戏，并且没有严格的悲剧喜剧之分，只是在两场戏之间有一场短小的"幕间剧"。剧中的滑稽插曲脱离出来成为独立的"插曲剧"，到后世演变成另一剧种——"滑稽剧"。伴随正剧同时演出的音乐、舞蹈和歌唱，到17世纪时与正剧结合，发展成为"轻歌剧"。

16世纪中期后，西班牙戏剧开始进入繁荣时期，很多优秀的剧本涌现出来，大大小小的剧场开始建立起来，面向广大群众的民族戏剧慢慢形成。

"黄金世纪"是西班牙文学艺术的巴洛克时代。热衷艺术创作的巴尔卡的出现，使戏剧具备了巴洛克时代艺术的特色。他的戏剧以情节的突变显示主题的力量。在戏剧发展兴盛了将近一个世纪之后，由于政治和经济的原因，到了17世纪中后期，西班牙的戏剧逐渐走向了衰落，人们对戏剧的热情也逐渐淡了下来。

波旁王朝统治西班牙之后，着重加强了法国新古典主义对西班牙文学艺术领域的影响，模仿法国式戏剧题材和形式成为当时的文化潮流所向，西班牙民族戏剧逐渐被法国名作的仿制品取代。本国优秀剧作的匮乏使得欧洲其他国家的不同艺术表现形式很容易地流入了西班牙，意大利歌剧在那个时候就大为流行。

在外国剧作盛行的时代，意大利式的和法国式的剧院也取代了原来古老的西班牙剧场，以豪华装饰、奢侈灯光、复杂布景装点剧院每个角落。尽管如此，散发着强烈新古典主义的歌剧虽得到王室的青睐，却不受本国民众的欢迎。

法国资产阶级革命过后，浪漫主义思潮开始在戏剧界流行，它强调个人感情的重要性，要求创作自由，反对古典主义的创作法则。这个时候，黄金世纪的戏剧遗产重新受到重视，民族戏剧传统得以在新一代作家的作品中承袭发扬。轻歌剧在那个时代也非常流行，吸引了大部分观众，同时，1868年，一种新的短剧开始兴起，它是讽刺当时社会弊病的滑稽剧，题材通俗、台词幽默，大受观众欢迎。

19世纪、20世纪交替之际，也就是埃切加赖的创作时期，是西班牙戏剧的浪漫主义向多元化转型的时期。埃切加赖善于运用各种舞台技巧为自己的创作增色，他的剧本一般在结构上都会得到精心的编排，剧情常常是在复杂的境遇中突然出现高潮。这个时期，埃切加赖的戏剧被称为新浪漫主义流派，他的创作直接将西班牙文学重新带入了兴盛之中。

1850年，西班牙的一些有识之士开始着手创办各种有特色的剧场，比如以表演抒情剧为主的皇家剧场、以表演说唱剧为主的萨尔苏埃拉剧场以及以表演正剧为主的创新剧场等。其中的萨尔苏埃拉剧场是马德里兴建的拥有2000个观众席位的大剧场，无论从剧场规模还是装修的豪华程度来说，它都算得上是西班牙屈指可数的著名剧院之一。

1860年以后，由于剧场不景气，大型剧场只能靠微薄的收入艰难度日，这时一种新型的多功能小剧场形式出现了——戏剧咖啡馆，人们在这里既可以喝咖啡休闲，也可以观看小型戏剧的演出。到了1868年的"九月革命"之后，剧场的状况变得更加令人担忧，经理们纷纷绞尽脑汁增加收入。

埃切加赖第一个首演的剧本《支票簿》是在马德里的阿波罗剧场进行的。当时马德里有好几个剧场，之所以选择这里，是因为埃切加赖与剧团的一位演员较为熟悉。剧场的经理马努埃尔也很有魄力，他独到的眼光使得当时还是财政大臣的埃切加赖的作品得以与观众见面，为埃切加赖的文学道路埋下了第一块奠基石。

阿波罗剧场是1873年才建立的，一开始只是在晚上演出几场短小精悍的小剧目，马努埃尔也常常为剧场入不敷出的情况感到担忧。埃切加赖的出现使得马努埃尔看到了希望，在帮助埃切加赖实现长久以来的愿望的同时，也为剧场带来了不错的收益。此后，埃切加赖的剧本常常在马德里几家有名的剧场上演，其中马德里的西班牙人剧院是埃切加赖最稳定的合作对象，无论从硬件设施还是演员素养的角度来说，这个剧场都是马德里当之无愧的老大。

5.女演员的要求

1892年埃切加赖的剧本《为他人作嫁衣或最后的施舍》经过排演在马德里的喜剧剧场上演。剧中起用了一位新演员玛丽亚·格雷罗，由于剧本遭到了观众的恶评，这位女演员也被观众此起彼伏的倒彩声搞得情绪低落。玛丽亚抱着成为名演员的梦想来到马德里，却不想为了埃切加赖那不尽如人意的剧本背上了骂名，这让她感到十分伤心。

演出结束后，玛丽亚找到埃切加赖进行了一次简短的谈话，她向埃切加赖表明自己艰难的处境，希望埃切加赖能帮助自己实现梦想。看着苦苦哀求的玛丽亚，埃切加赖想到了自己怀揣创作剧本的梦想却屡屡受挫时的心境，他十分理解和同情这位年轻、漂亮、在演艺事业上十分用功的女演员。埃切加赖对玛丽亚进行了一番安抚，并向她承诺一定会写出一部能让她一炮走红的剧本。

回家后，埃切加赖一头扎进了创作中，以女演员玛丽亚为原型，为她量身打造了三幕剧《玛莉亚娜》。当玛丽亚拿到剧本时，她感动得热泪盈眶，没想到这位著名的剧作家竟然真的会兑现自己的承诺，更让她感到惊喜的是，剧本写得非常精彩，看着剧本，她仿佛听到了观众雷鸣般的掌声和响彻剧场的喝彩声。

在紧张的排演之后，《玛莉亚娜》于1892年12月5日在喜剧剧场首演，演员玛丽亚卖力地在舞台上演绎着"自己"，台下不时地爆发出一阵阵热烈的掌声。当第三幕表演完毕，大幕缓缓地拉上，观众全部站了起来，雷鸣般的掌声持续了很长时间。首演的成功为埃切加赖赢得了更广泛的声誉，同时也将此前不知名的女演员玛丽亚捧上了天。埃切加赖实现了自己的诺言，女演员的要求得到了最大的满足，一切看上去都是那么圆满。

玛丽亚出身于一个经济条件不错的家庭，由于从小喜爱戏剧表演，对她百般疼爱的父亲蒙拉·格雷罗总是想方设法帮助女儿实现愿望。在来到马德里之后，玛丽亚在埃切加赖的帮助下一举成了闻名遐迩的当红女演员，她的父亲十分高兴。刚好当时西班牙人剧院正在进行拍卖，蒙拉便想将它买下送给玛丽亚，这样一来，女儿就有了专属于自己的舞台和剧团。

得知这个消息的玛丽亚感到十分兴奋，她即将拥有属于自己的剧团了，这是多么让人兴奋的一件事啊！玛丽亚突然想到了埃切加赖，如果想让剧团发展得好，优秀的剧作家必不可少。玛丽亚又一次找到埃切加赖，向他说明父亲想要收购西班牙人剧院的想法，并提出希望埃切加赖能够帮助她将剧团发展壮大，最好可以成为专职为她写作的剧作家。埃切加赖则表示愿意效劳，因为玛丽亚可以更好地把握他笔下人物的灵魂。

1894年底，玛丽亚的父亲蒙拉·格雷罗在拍卖中以高价竞得西班牙人剧院的经营权，并请来了著名的建筑设计师孔查·阿尔卡德和巴勃罗·阿兰达担纲设计师，将西班牙人剧院进行了一番大张旗鼓的改造。西班牙人剧院因为创办得比较早，原来的经营者又对硬件设施不是很上心，从装潢到桌椅、舞台都已经显得破旧、过时。在两位设计师的改造下，座椅被完全更换，建筑虽然没有重新进行拆建，装潢却是里外一新。

这样大的手笔消耗了蒙拉·格雷罗大量的财产，不过，他对自己的女儿充满信心，相信有埃切加赖的剧本和女儿的倾情演出，盈利只是时间问题。1895年1月底，粉饰一新的西班牙人剧院宣布重新开业，人们纷纷赞叹剧院豪华的装修和精美的舞台设计，期待着在这里观看第一场首演。埃切加赖对剧院的装修改造也十分满意，他早就已经为玛丽亚创作完成了另一个剧本《溅血濯耻》，2月9日，这个剧本便在新的西班牙人剧院进行了首演并赢得了一片赞誉。

由于西班牙戏剧的振兴，西班牙皇家语言学院也在想办法为民族文学的复兴尽一份力，颁发门多萨·科尔蒂纳戏剧文学奖就是一个不错的提议。当时埃切加赖的《玛莉亚娜》由于广受观众好评而顺利入围西班牙皇家语言学院戏剧文学奖的提名当中，还有另一部作品来自当时也比较有名的剧作家费利乌·柯蒂纳，剧名为《拉多洛雷斯》。后者在首演时也是大获成功，无论是观众还是评论家，都给予了这部剧作很高的评价。

埃切加赖对于这个提名的态度是顺其自然，如果能够获奖当然最好，不过，即使落选了也不会对他的人生造成什么影响。但是，他的朋友——说唱剧作家巴尔维利可不这么想。巴尔维利认为埃切加赖是获得这个奖项的不二人选，他不厌其烦地将埃切加赖的《玛莉亚娜》——拿给所有的评委阅读，并绘声绘色地向他们介绍埃切加赖身上其他的闪光点。

　　整个过程中，巴尔维利并没有贿赂任何人，因此，奖项的评选还是在公平、公正的条件下进行的。通过众多权威评委的投票，埃切加赖最终以微弱的优势击败了费利乌·柯蒂纳，凭借《玛莉亚娜》这个剧本夺得了门多萨·科尔蒂纳戏剧文学奖，这个奖项也成了埃切加赖转行剧作家之后获得的第一个殊荣。

第八章 源源不断的创作灵感

1. 《在剑柄里》讲述身世疑云

从小喜爱戏剧的埃切加赖到了42岁才终于下定决心走上创作剧本的文学道路，可谓是好事多磨、大器晚成。在42岁之前，埃切加赖曾经做过教授、科学家和政治家，对经济学也有一定的研究和实践，这使得他积累了十分丰富的写作素材，这些写作素材是很多从年轻时就热衷文学创作的学者、作家所不具备的。因此，从《支票簿》的首演成功开始，埃切加赖便灵感不断涌现，马不停蹄地完成了大量优秀的戏剧作品。

埃切加赖并不是一个外向的人，他敏感而心思细腻，善于发现和思考问题，这些性格特征使得他在塑造戏剧人物时能很好地把握人物的内心世界，而他的作品也常常在关键情节上展现出出乎观众预料的闪光点，这些都与他丰富的内心世界有着直接的联系。有时候，只是一时的灵感乍现就能成就埃切加赖一部精彩绝伦的好作品，1875年10月12日在马德里首演的《在剑柄里》就是这样。

《在剑柄里》选取卡斯蒂利亚人民在1520年前后爆发反对国王卡洛斯一世的起义为时代背景，讲述了年轻人费尔南多的身世之谜。唐娜薇·奥兰特是一个年轻貌美的姑娘，曾经是很多小伙子心中暗恋的对象。在起义爆发之后，内战使得卡斯蒂利亚处于动荡之中，人民的生活以及生命安全都面临着危险，很多市民在不明不白中就遭受了厄运的折磨。

在战乱中，奥尔加斯伯爵在街上遇到了如花似玉的姑娘奥兰特，并对她产生了爱慕之情，但是后者对伯爵却没有半点意思。性急的奥尔加斯伯爵不顾奥兰特的反对将她强暴，并使得这位未婚的姑娘怀上了身孕。后来，奥兰特与罗德里格·德·蒙卡达结婚，婚后生下了费尔南多·德·蒙卡达。费尔南多真正的身份被记载在一张纸上，藏在了奥尔加斯伯爵使用的宝剑的剑柄里，并因为不断更换主人而被转移到了完全不相干的人手里。

多年之后，当费尔南多长大成人之后，由于种种原因，他的身世开始被人怀疑，费尔南多自己也积极地查找着关于谁是他生身父亲的线索。正处于青春年少的费尔南多与美丽、温柔的姑娘劳拉相遇并互相有了好感，与此同时，奥尔加斯伯爵看见年轻貌美的劳拉之后再次起了色心，于是，在不知道两人真实关系的情况下，这一对父子戏剧般地成了情敌。然而，劳拉已经被费尔南多所吸引，伯爵也只能落得一场空。

在感情上的瓜葛使得奥尔加斯伯爵与他的私生子经常谋面，而费尔南多也在对自己身世的追查中发现了被藏在剑柄中的秘密。得知真相的费尔南多内心十分痛苦，他担心一旦剑柄里的秘密被别人发现，后果不堪设想。在当时的时代背景下，这样的丑闻无疑会将一个家庭破坏得体无完肤，因此，如何保守这个秘密以保全自己的家庭和母亲的名誉就成了费尔南多面临的最棘手的问题。

费尔南多对自己私生子的身份感到羞愧，为生身父亲奥尔加斯伯爵当年的暴行感到愤怒。在经过了激烈的思想斗争之后，年轻的费尔南多想到了死亡，他想要用结束生命的方式来表达对人世的不满和维护可怜的母亲奥兰特的名誉。费尔南多将藏有他身世秘密的那把宝剑插入自己的胸膛，结束了年轻而宝贵的生命。在临死前，费尔南多向奥尔加斯伯爵说明了一切，并要求他将这把宝剑与自己的尸体一起埋葬，让这个秘密永远被埋藏在地下。

费尔南多的母亲奥兰特抱着奄奄一息的儿子泣不成声，费尔南多则用尽最后的力气向母亲表明了自己的内心，他将永远将这个关于他身世的秘密握在手中、带入坟墓，以此来保全他深爱着的母亲的名誉。当费尔南多的生命逐渐离开这个世界远去的时候，大幕徐徐地落下，观众用雷鸣般的掌声给予了剧中费尔南多最崇高的敬意。

在这部戏剧中，埃切加赖运用戏剧性的写作手法表现了一个年轻人对道德的认知和对爱的理解，剧情的跌宕起伏使得观众的心情跟着演员的表演一起上下变换着。观众为年轻的奥兰特遭到奥尔加斯伯爵的强暴而感到愤怒；为罗德里格·德·蒙卡达多年来一直呕心沥血地养育着并非自己亲生骨血的儿子而感到不平；为奥兰特的懦弱和忍辱偷生感到痛心；更为费尔南多用生命捍卫母亲名誉的行为感到惋惜和感动。

《在剑柄里》是一部典型的三幕悲剧，它跌宕起伏的情节和煽情的台词使得整个首演过程中很多观众在剧情的感染下几次落泪，无论是剧本对情节的设计，还是演员对作品的演绎，都堪称完美无瑕。当大幕落下之后，观众全部站了起来，长时间地为演员和作者鼓掌，并要求埃切加赖到台上来接受观众的敬意。心情激动的观众反复要求埃切加赖上台谢幕，创造了马德里剧院前所未有的剧作者反复7次登台致谢的纪录。

2.《不是精神失常，就是品德圣洁》展现人性悲哀

埃切加赖在剧本创作中十分喜欢三幕剧，在这种结构中，剧本的开头、发展和结局结构分明、情节紧凑，更容易调动观看演出的观众的情绪。相比之下，独幕剧虽然以短小精悍著称，却因为演出背景毫无变化而容易显得呆板，只能靠演员的演技和紧凑的台词来吸引观众。而三幕剧则在每一次开闭幕之后都会有演出场景的更换，使得舞台效果更贴近剧本内容，能够充分渲染演员演说台词时的现场氛围，容易引起观众的共鸣。

诗剧是埃切加赖最早的剧本创作形式，这是古典文学对他的影响。当埃切加赖创作的题材不断增多、创作视野不断开阔之后，散文剧也成了他十分喜爱的一种创作形式。比起诗剧来说，散文剧因为台词表现形式的不拘一格而更能贴近人们的真实生活，使得演员在台上的表演远离了忸怩造作，增添了一份真实感。1877年首演的《不是精神失常，就是品德圣洁》就是一部典型的三幕散文剧。

《不是精神失常，就是品德圣洁》讲述了一位诚实、正直的学者在坚持真理的过程中遭受不理解和不信任的故事，最终也是以悲剧的结局收尾。剧中的主人公洛伦索·德·阿文达尼奥是一位品德高尚的哲学家，他从年轻时就潜心向学，拥有了渊博的知识和复杂的思想。洛伦索为人正直，对一切说谎的行为都十分厌恶，作为一

名哲学家，追求真理是他人生最大的乐趣。

虽然并非出身贵族，洛伦索的家庭却也十分富裕，他的父亲英年早逝，母亲用丈夫遗留下来的万贯家财将洛伦索抚养成人，在他长大成人之后，母亲也早早地离开了人世。作为家中的独子，洛伦索继承了全部财产。洛伦索在年轻时娶了美丽、贤惠的安赫拉为妻，后者为他生下了聪明可爱的女儿伊内斯，在父亲的影响下，伊内斯也拥有了聪明的头脑和正直的品格，一家人一直过着幸福美满的生活。

多年之后，出落得亭亭玉立的伊内斯与当地阿蒙特公爵夫人的儿子爱德华相恋，虽然在地位上有着明显的差距，爱德华却想方设法要努力说服母亲接受自己的恋人。公爵夫人起初并不同意，但是，在了解了伊内斯的家庭情况后，她最终还是同意了这门婚事，毕竟伊内斯出身还是不错的。公爵夫人准备带着儿子爱德华到伊内斯家中向洛伦索求亲，正在此时，洛伦索发现了一个关于他身世和自己家族之间关系的秘密。

胡安娜从前是阿文达尼奥家族中资格很老的女佣，在侍奉了洛伦索的父母之后对哲学家本人也是照顾有加。现在，胡安娜由于年事已高而疾病缠身，眼看就要不久于人世，她找到洛伦索向他说出了一个埋藏在她心中已经几十年的惊人秘密：洛伦索并不是阿文达尼奥家族的合法继承人。原来，洛伦索的父亲去世的时候，母亲并没有为他生下一男半女，为了保住家族的财产，女主人不得已请求胡安娜将自己刚刚降生的儿子作为家族继承人送给了她。

虽然并非亲生，膝下无子的女主人对洛伦索却关爱有加，一直视如己出。洛伦索在优越的生活条件下无忧无虑地长大，接受了最好的教育，享受着富足的生活。女主人在临终前将一个装饰在项链上的小盒子交给了洛伦索，然而，洛伦索因为母亲的去世伤心过度而晕厥，醒来后那串项链也不翼而飞了。其实，拿走这串项链的人不是别人，正是洛伦索的生母胡安娜，因为项链上挂着的盒子里就藏着关于洛伦索身世秘密的小字条。

很快，胡安娜因为盗窃被捕入狱，善良的洛伦索将她保释出来后，胡安娜辞去了女佣的工作，离开了阿文达尼奥家族，从此杳无音信。现在，感到自己将不久于人世的胡安娜重新出现在洛伦索的眼前，向他说明了一切。洛伦索找来项链，看到了小盒子里装着的写有自己身世秘密的小字条，思绪顿时陷入了混乱之中。

深思熟虑之后，洛伦索最终做出了自己的选择——他并没有为了占有阿文达尼奥家族的财产而将这份能够证明他真正身份的"证据"销毁，而是毅然决定说出真相，将所有的财产归还给阿文达尼奥家族的旁系继承人。胡安娜看到自己的儿子即将因为诚实而失去一切，内心非常焦急，早知如此她就不会将这个秘密说出来了。她趁洛伦索不注意，用一张白纸替换了那张女主人留下的字条，并将这唯一的证据一把火烧了。

洛伦索并不知道胡安娜已经对字条做了手脚，他找来阿文达尼奥家族的所有成员，在众人面前说出了自己是女佣胡安娜过继给女主人的孩子的事实，并表示要将所有财产交还给家族的合法继承人。让洛伦索感到意外的是，人们不但不相信他的说法，反而认为他精神失常了，甚至请来了精神病院的大夫要强行将他送到精神病院。当洛伦索想要从项链上的小盒子里取出证据给大家看的时候，却发现那张字条早已变成了一张白纸。

这部戏剧最终在洛伦索被精神病院大夫强行拉走的荒诞结局中

落下了帷幕。观众被剧中人物复杂的关系和矛盾的心理所感染，纷纷为诚实、正直的洛伦索感到惋惜。

3. 《在死亡的怀抱里》诉说伦理道德

成为专业的剧作家之后，埃切加赖一直保持着旺盛的创作精力，每年都会写出几部精彩的剧本。1879年，他更是一口气写出了两个独幕剧《死去为了不再苏醒》《悲惨的婚礼》与两个三幕剧《在死亡的怀抱里》《无边的海洋》，这四部悲剧在首演后都获得了观众的一致好评。其中三幕悲剧《在死亡的怀抱里》更是通过复杂多变的剧情激起了观众对于社会伦理道德的讨论。

《在死亡的怀抱里》讲述了阿尔赫莱斯伯爵与妻子和同父异母的弟弟之间的感情纠葛，故事以1285年法国入侵西班牙为时代背景而展开。在法国入侵西班牙的时候，阿尔赫莱斯伯爵海梅镇守在比利牛斯山上的一座城堡里。海梅有一个同父异母的弟弟曼弗莱多，因为是私生子，他一直名不正言不顺地同海梅一起生活在城堡里。海梅的妻子唐娜·贝亚特丽斯优雅而美丽，曼弗莱多对她倾慕已久，却碍于她与伯爵的夫妻关系而不敢表露出来。

当法国人对比利牛斯山发起猛攻的时候，海梅决定与敌人奋战到底，为了保护妻子和弟弟，他决定让这两个人结伴从城堡的秘道中逃走。贝亚特丽斯起初并不愿意与曼弗莱多一起逃走，比起与对自己有歹心的小叔子在一起，她更愿意与丈夫一起镇守城堡。不过，在海梅的劝说下，叔嫂二人还是按照计划从秘道逃走了，除了海梅本人以外，驻守在城堡的其他人都不知道这件事。

伯爵的下属贝伦格尔建议将法国人引进城堡地下的秘道，再将河水引来将敌人淹死，但是出于对妻子和弟弟的担心，海梅并没有答应，同时，为了不引起其他人的怀疑，他秘密地用决斗的方式杀死了贝伦格尔。当法国人手持各种武器集中兵力攻打城堡的时候，海梅下定决心死守城堡，必要的时候就与敌人同归于尽。

在与敌人的战斗中，因为寡不敌众，海梅带着残余的士兵向法国人投降。当贝亚特丽斯与曼弗莱多回到比利牛斯的城堡时，那里已经是一片狼藉，完全找不到伯爵的身影，贝亚特丽斯绝望地认为海梅已经在沙场上战死了。在曼弗莱多的再三纠缠下，自认为已经失去丈夫的贝亚特丽斯接受了这段叔嫂之间的不伦之恋，两个人以情人的身份生活在一起。

不巧的是，城堡里一个名叫胡安娜的女佣的丈夫罗杰尔撞见了曼弗莱多和贝亚特丽斯的奸情，情急之下，曼弗莱多拿起宝剑将罗杰尔刺伤，并将奄奄一息的他拖入了阿尔赫莱斯家族墓地的地下室里。曼弗莱多以为这件事情已经处理干净了，却不想胡安娜亲眼目睹了他对罗杰尔的伤害，并秘密地跟踪他到了家族墓地，用眼睛记录下曼弗莱多所有的罪行。

阿拉贡国王佩德罗带兵赶到了比利牛斯山上阿尔赫莱斯伯爵的城堡，这个时候仅仅受了点轻伤的伯爵已经先国王一步回到了自己的城堡。佩德罗见到负伤却仍然"坚守"在城堡的海梅，在不明真相的情况下表示要对忠诚的阿尔赫莱斯伯爵进行嘉奖。虽然正直的伯爵想要说出真相、拒绝这个嘉奖，但是，他想到了自己同父异母的弟弟曼弗莱多，如果受到嘉奖，他就可以奏请国王摘掉曼弗莱多私生子的帽子，使他获得同自己一样的地位。

不过，曼弗莱多却并不愿意看到哥哥这样虚伪地接受国王的嘉奖，他认为这种通过欺骗得来的荣誉会让整个家族蒙羞。也许，他还有别的想法，作为俘虏被放归领地的海梅并不是英雄，而应该以叛徒的身份接受审问和惩罚。不过，曼弗莱多并没有向国王说出实情，他只是坚持拒绝让哥哥接受国王的嘉奖，这使得国王佩德罗十分生气。

正在这时，胡安娜闯了进来，她声泪俱下地向国王讲述了自己的所见所闻，要求国王调查曼弗莱多行凶的事情。国王本来就对曼弗莱多没有什么好感，便爽快地答应胡安娜，于第二天带着众人一起前往阿尔赫莱斯家族墓地。

国王、伯爵一行人打开墓穴地下室的大门走了进去，胡安娜在地道里找到了丈夫罗杰尔的尸体，顿时悲痛万分。死者罗杰尔的手中紧紧握着一张羊皮纸，上篇密密麻麻地写满了暗红色的字迹，那是罗杰尔在临死前用手指蘸着自己的鲜血写成的。胡安娜将这张羊皮纸交到国王手里，上面记载了罗杰尔的死因——在看到曼弗莱多与贝亚特丽斯通奸的事实之后被前者所杀害。愤怒的国王决定处死曼弗莱多，并对贝亚特丽斯做出从重的处罚。

这个时候，海梅挺身而出，苦苦哀求国王将弟弟和妻子交给自己处置，他不想家族中这种违背伦理道德的丑事被传扬出去，国王最终答应了他的要求，然后愤然离去。想到心爱的妻子与自己一直疼爱有加的弟弟之间纠缠不清的关系，绝望的海梅将连同自己在内的三人一起锁到了家族墓地的地下室里。在父亲的灵柩前，海梅与曼弗莱多先后用宝剑结束了自己的生命，留下贝亚特丽斯一人在阴暗的墓道里自生自灭。

《在死亡的怀抱里》首演时，得到了观众广泛的好评，人们被故事离奇、紧凑的情节所吸引，被整个剧本荡气回肠的悲剧气氛所感染，充分体会到了作者埃切加赖的良苦用心和巧妙构思。评论界对《在死亡的怀抱里》的评价也很高，认为埃切加赖在这部戏剧的创作中充分体现出了一个文学巨匠的风范。

4.《伟大的牵线人》笑看世态炎凉

在埃切加赖的剧本创作生涯逐渐接近顶峰的时候，一部伟大的作品诞生了，这就是后来为埃切加赖赢得了诺贝尔奖的剧本《伟大的牵线人》。在最开始进行创作的时候，《伟大的牵线人》有着另一个名字——《伟大的加勒奥托》，这里的加勒奥托是一个渊源匪浅的人物。

加勒奥托最早出现于但丁的《神曲》之中，在《地狱篇》里有几行诗句提到了这个名字："这本书和他的著作者倒做了我们的加勒奥托，从那一天起，我们不再读这一本书了。"这里所指的加勒奥托实际上就是"牵线人"的意思。此后，法国著名诗人克雷蒂安·德·特罗亚曾经在自己的作品中引用"加勒奥托"，将他化身为一个年轻的随从，在作品中成了豪放的游侠与美丽的瑰内维尔皇后之间恋情的牵线人。

到了埃切加赖的笔下，加勒奥托仍然是牵线人的代称，不过，这里的牵线人不止一个，这里的加勒奥托却并不是什么好角色。故事发生在19世纪的西班牙马德里。埃内斯托是一个爱好文学、品德高尚的小伙子，由于父亲早逝，他被一位慷慨、热情的绅士堂胡利安以养子的身份接到了自己家中生活，后者成了他临时的监护人。当时堂胡利安已经是年过40的中年人了，他的妻子特奥多拉却年仅26岁，美丽而温柔。与堂胡利安住在一栋房子里的还有他的弟弟赛维罗、弟妹唐娜·梅赛德斯和侄子佩皮托，他们都是挑剔、难以相处而且喜欢散布谣言的人。

由于埃内斯托与特奥多拉年龄相仿，赛维罗一家便常常固执、偏激地认为他们之间可能会有私情，并常常私下里警告堂胡利安，让他注意妻子与养子之间是不是有不轨的行为。堂胡利安是一个为人正直、豪爽大方的人，他起初并不相信弟弟一家人含沙射影、捕风捉影的荒唐言辞，相比之下，他更愿意相信自己深爱的妻子和一直厚待的养子的人品。然而，堂胡利安越是不相信谣言，赛维罗一家人便越发夸张地将自己的想象如同事实般地传播着。

事实上，埃内斯托的确对特奥多拉有着特殊的感情，不过，出于对堂胡利安的感激，心胸坦荡的他将自己的感情克制得非常好，无论什么时候，特奥多拉都仅仅是他的养母而已，埃内斯托并没有做出任何过分的行为。即便是这样，赛维罗一家人还是不停地杜撰和散播着关于养母与养子之间乱伦的谣言。

久而久之，堂胡利安在弟弟、弟妹喋喋不休的忠告下开始有些动摇了，的确，自己已经老了，但妻子还是那么年轻、漂亮，有哪个正处于血气方刚时期的小伙子会不为漂亮的姑娘所动呢？渐渐地，堂胡利安对埃内斯托有了防备之心。觉察到养父异样的情绪之后，埃内斯托向他提出从这个家中搬出去居住的想法，并得到了后者的支持。堂胡利安打算给独自生活的埃内斯托找一份收入稳定的工作，却被他婉言谢绝了。

埃内斯托想用行动向人们证明自己与年轻的养母之间的清白。他哪里想到，谣言猛于虎，在人们的口口相传之下，埃内斯托与特奥多拉私通的假消息闹得满城风雨，人们在谈起这件事的时候，语气就像是在诉说真理一样地坚定。

一天，埃内斯托在一家咖啡馆里听到内布莱达子爵正在同别人就堂胡利安、特奥多拉和埃内斯托之间违背伦理道德的关系进行热火朝天的谈论，并对特奥多拉和埃内斯托颇有微词，言语中不乏很多带有侮辱性的词汇。这使得埃内斯托非常恼火，他直接上前打了内布莱达子爵一耳光，并提出要与他决斗，以维护自己和特奥多拉的清誉。

埃内斯托与内布莱达子爵争吵的一幕被佩皮托看到，他马上回到家中将事情添油加醋地向堂胡利安进行了汇报，使得后者对埃内斯托的疑心更重了。气愤之下的堂胡利安拿起宝剑去找内布莱达子爵决斗，到这个时候，他还是不愿意相信人们的传言，想要通过决斗来维护妻子的名誉。不幸的是，在决斗中堂胡利安被擅长剑术的内布莱达子爵用宝剑刺中，生命垂危，人们赶快把他抬到就近的人家救治，巧合的是，人们焦急敲响的刚好是埃内斯托的门。

在堂胡利安被刺伤之前，特奥多拉听闻埃内斯托要与子爵决斗的消息之后迅速赶到了他的家中，想要劝说他不要与剑术高明的内布莱达子爵决斗。当敲门声响起时，埃内斯托连忙让特奥多拉藏到卧室里。人们抬着身负重伤的堂胡利安向埃内斯托求救，准备把伤者放到卧室的床上，埃内斯托慌忙进行了阻挠。但是，当躲在卧室里的特奥多拉听闻丈夫被刺伤时，不顾一切地从卧室冲出来查看他的伤势。

当堂胡利安看到妻子从埃内斯托的卧室里走出来时，他感到无比震惊和愤怒，盛怒之下昏了过去。埃内斯托找到内布莱达子爵进行决斗并一剑将其刺死，然后迅速来到堂胡利安的家中探望。特奥多拉在客厅劝说埃内斯托赶快离开，正好被走出卧室的堂胡利安看到，误会和矛盾在此时达到了高潮，堂胡利安用尽全身力气打了埃内斯托一记耳光，而后在愤怒、痛苦中死去。

当赛维罗吵闹着要把特奥多拉赶出家门的时候，埃内斯托突然爆发了。他将年轻的养母抱在怀里，向她表明了自己的爱意，而后用讽刺的言语感谢了作为"加勒奥托"的赛维罗一家人为自己和特奥多拉的牵线搭桥。正是毫无根据的谣言和心胸狭窄的人们把原本老实本分的两个人逼上了绝路，最终却使得两个有情人在阴差阳错中被缘分拴在了一起。

《伟大的牵线人》首演时以离奇曲折的故事情节博得观众的满堂喝彩，成为埃切加赖诸多作品中一颗璀璨的明星。

5.《溅血濯耻》洗刷爱情冤屈

四幕剧《溅血濯耻》是埃切加赖为女演员玛丽亚在她的父亲买

下西班牙人剧院之后写的剧本，也是西班牙人剧院重新开张后上演的第一部戏剧。因为此前埃切加赖曾经答应玛丽亚会专门为粉饰一新、重新开业的西班牙人剧院写上几个剧本，当剧院正式开始营业的时候，他便将此前写好的两个剧本《溅血濯耻》和《污点》交给了玛丽亚。几番权衡之后，玛丽亚选择首先排演《溅血濯耻》，因为这个剧本是以女一号为重的。

唐娜·康斯普西翁是一位生活在上层社会的贵妇人，她的儿子费尔南多英俊潇洒、才华横溢，是许多女孩子梦中的白马王子。康斯普西翁有两个养女，一个是她亲妹妹的女儿恩里克塔，另一个则是远方亲戚的女儿马蒂尔德。恩里克塔从小娇生惯养，长大后是一个虚伪、自私、油嘴滑舌的人，将自己的姨妈康斯普西翁哄得很开心，深受姨妈的喜爱。相反，从小生活在美国、性格放荡不羁的马蒂尔德并不怎么招人喜欢。

事实上，马蒂尔德的父亲曾经在做生意时连累了恩里克塔的父亲，使得后者倾家荡产，他自己也落魄而亡。康斯普西翁夫人出于善意将两个女孩收养，让她们同自己的儿子费尔南多一起长大。马蒂尔德虽然性格外向、不拘小节，却心地善良、为人真诚，费尔南多逐渐对她有了特殊的感情。恩里克塔虽然表面是个乖乖女，暗地里却阴险狡诈，私生活也并不检点。康斯普西翁夫人却受蒙骗一直希望将来恩里克塔能够嫁给费尔南多。

随着年龄的增长，已经出落成大姑娘的马蒂尔德对费尔南多也有了好感，但是，出于对康斯普西翁夫人不计前嫌收留自己的感激，她从来没有把自己的真实情感表现出来过。已经35岁的议员洛伦索爱上了马蒂尔德并对她展开了追求，却遭到了对方的拒绝。陷人单相思的洛伦索在一次跟踪马蒂尔德的过程中发现两个女孩中的一人悄悄进了男青年胡里奥的家，感到震惊的他立即找到康斯普西翁夫人，向她报告这一情况，却说不清究竟是谁与胡里奥私会。

事实上，偷偷与胡里奥约会的人正是恩里克塔，因为胡里奥出身卑微、家境贫寒，恩里克塔虽然常常跟他约会，却从来没有想过要嫁给他。不过，当康斯普西翁夫人得知这件事之后，对儿子费尔南多与马蒂尔德之间的感情完全不知情的她固执地认为与胡里奥私会的人一定是不知羞耻的马蒂尔德。而夫人的好友胡斯托绅士却并不这样认为，一直以来他都将马蒂尔德视为自己的亲生女儿对待，以他对马蒂尔德的了解，与胡里奥私会的人一定不是她。

胡斯托找到马蒂尔德问清了事情的原委，并告诉马蒂尔德不用为她父亲当年的过错而自责，因为她的母亲正是由于恩里克塔父母的阻挠才没能跟他父亲在一起，伤心的父亲为了保护女儿才带她远走他乡。得知真相的马蒂尔德十分感激胡斯托，多年来困扰她的疑问终于被解开了。胡斯托告诉马蒂尔德，她并不亏欠任何人，如果喜欢费尔南多，就应该勇敢地去追求自己的爱情。受到鼓励的马蒂尔德终于接受了费尔南多的求婚。

然而，当费尔南多从母亲那里听说马蒂尔德与胡里奥私会的事情时，他怒不可遏地找到马蒂尔德想要问个清楚，马蒂尔德却因为恋人对自己的不信任而感到伤心，并拒绝说出实情。马蒂尔德的做法让她背负了不属于她的骂名，并被康斯普西翁夫人赶出了家门。恩里克塔与费尔南多的婚事被提上了日程，为了避免节外生枝，恩里克塔暗中要求情人胡里奥暂时离开马德里，等到她与费尔南多完婚之后再续前缘。

胡里奥表面答应了恩里克塔的要求，心里却十分痛苦，他给费尔南多写了一封信，说明了自己与恩里克塔的关系，并委托胡斯托将这封信在恩里克塔举行婚礼之前交给费尔南多。悔恨交加的马蒂尔德想在婚礼前找到费尔南多向他说出实情，却遭到了费尔南多的辱骂，并被他关在房间里。胡斯托将信交给费尔南多，后者在没有拆封的情况下认为这是马蒂尔德的阴谋，因此将信扔给了被锁在房间里的马蒂尔德。

马蒂尔德拿到了确凿的证据，却无奈自己被锁在房间里，直到婚礼结束才见到费尔南多。马蒂尔德将信拿给费尔南多，并恳求他一定要将信读完。这个时候费尔南多才知道与胡里奥私会的人正是自己的新婚妻子恩里克塔。悔不当初的费尔南多此时只能感叹命运的不公，而马蒂尔德看到恋人因受辱而痛苦，毅然拿起刀子杀死了恩里克塔。

危急关头费尔南多一把抢过刀子，向闻声赶来的人们说自己因为不堪忍受新婚妻子给他带来的耻辱而杀死了恩里克塔，并将手中的信作为证据拿给众人看。这样一来，坏人最终受到了惩罚，而费尔南多和马蒂尔德也可以名正言顺地在一起了。

《溅血濯耻》首演时整个马德里为之沸腾，埃切加赖在情节上的巧妙设计使得整部戏剧紧凑而吸引人，让观众在观看时大呼过瘾。

第九章 特色鲜明的戏剧大师

1. 民族文学的传统

综观埃切加赖一生所创作的戏剧作品，无论是题材还是表现形式，都能明显地看出西班牙传统文化的特点。也正因为如此，埃切加赖才被称为"西班牙传统戏剧的复兴者"，他的作品才能在那个年代引起西班牙观众的共鸣。

西班牙民族文学最早可以追溯到10世纪时出现的史诗。除了1140年左右写成的《熙德之歌》保存得比较完整以外，其他较为古老的史诗基本上都残缺不堪。这些史诗都是长期由行吟诗人口头流传，后来才用文字记录下来的，内容大多是歌颂具有忠君爱国思想的民族英雄的事迹。摩尔人的长期统治和阿拉伯文化的影响，使西班牙在这一时期出现了以阿拉伯方言写作的抒情短诗，称为"哈尔查"，其内容多数是少女表达对情人的思念。

到了13世纪，寺院在文化方面所起的作用加强，少数教士创作了一种精雕细刻的诗歌，叫作"教士诗"，形式比较严谨，内容多为歌颂圣母显圣和圣徒事迹。14世纪初，出现了一部教士诗的杰作，即伊塔大主教胡安·鲁伊斯的《真爱诗集》，里面包括抒情诗、寓言诗、讽刺诗、叙事诗等多种风格。与此同时，宫廷文人也竞相从事诗歌创作，以《宫廷诗歌》为例，作者以深沉、凌厉的笔锋，抨击了统治阶级的腐化堕落，并给国王、贵族以忠告。

阿方索十世执政时期，来自不同民族、拥有不同宗教信仰的诗人、历史学家、法学家、自然科学家把大量的阿拉伯文、希伯来文、拉丁文的作品译成西班牙文，促进了西班牙文化和科学的发展。

在西班牙人将摩尔人从自己的领土上赶走，完成了光复运动之后，卡斯蒂利亚女王伊萨贝尔与阿拉贡国王斐迪南的联姻，标志着西班牙成为一个统一的君主专制国家。在对外扩张的过程中，意大利文化对西班牙文学发展起到了一定的影响，人文主义思想开始扎根，宫廷文学的发展壮大改变了教士们在文学领域里占优势的状况。在意大利诗歌的影响下创作的《七种美德的格言》开创了但丁式的寓言诗流派。

15世纪开始西班牙盛行民间抒情诗"谣曲"诗歌它是从古代史诗中最生动、最富有诗意的片段演变而来，语言简洁朴素，散发出浓郁的生活气息。到了16世纪，西班牙成为称霸于欧、美两大洲的强大王国，在商业繁荣的同时，文化上也开始向文艺复兴时代过渡。一批人文主义者创办学校，批判宗教偏见，模仿古代希腊、罗马和意大利的文学。这一时期的散文表现出两种倾向：一种是自然地表达时代思想，另一种是单纯追求形式的优美。

封建文学和宗教文学联合抵制文艺复兴的结果，使宗教诗歌、神秘主义诗歌、田园牧歌小说和历史小说大为流行。自从胡安·德尔·恩西纳开创了民族戏剧的道路以来，逐渐摆脱宗教剧的影响，向艺术更为完美的新戏剧发展。洛佩·德·鲁埃达首创取材于人民现实生活的新剧种，叫作"巴索"，为"黄金世纪"的新戏剧开了先河。

16世纪中到17世纪初的西班牙文坛人才辈出，各种文学创作十分繁荣，史称"黄金世纪"。西班牙伟大作家米格尔·德·塞万提斯·萨维德拉的创作达到"黄金世纪"的高峰。米格尔·德·塞万提斯·萨维德拉的长篇小说《堂吉诃德》为世界文学宝库增添了一块瑰宝；他的短篇小说集《训诫小说》为后世的现实主义短篇小说提供了优秀的范例；他的悲剧《努曼西亚》是一部充满爱国主义精神的杰作；他独创的幕间短剧则生动地反映了人民的喜好和习俗。

17世纪以后的西班牙文学，反映了西班牙王国的衰败和没落，作品中表现出浓重的悲观失望情绪，艺术上追求感性的享受。18世纪初的西班牙王位继承战争以波旁王族胜利而结束，西班牙文学在这个时候倾向于效仿法国，剧作家们模仿法国戏剧路线写了一些毫无生气的悲剧。莱安德罗·费尔南德斯·德·莫拉廷从莫里哀的戏剧中寻求启示，他写的《新喜剧》是18世纪最好的剧作。

18世纪西班牙作家的另一个特点是追求理性，热衷于说教，所以哲理著作和文学评论很多。抗法独立战争推动了西班牙浪漫主义文学的发展，但是1820年至1823年第一次资产阶级革命被镇压，又使它受到了阻碍。直到30年代以后，流亡到欧洲各国的西班牙文化人士纷纷回国，带回了欧洲浪漫主义的影响，才逐渐形成一股思潮。

由于19世纪的西班牙一直处于资产阶级与封建专制进行殊死搏斗的状态，是一个革命烽火此起彼伏，充满骚乱、动荡的时代，在文学上表现为各种流派纷呈杂处，互有消长。19世纪后半叶，西班牙现实主义小说的杰出代表作家是贝尼托·佩雷斯·加尔多斯，他的《民族轶事》具有鲜明的爱国主义色彩，突出了人民群众在历史进程中的重大作用。

与小说相比，现实主义的戏剧和诗歌显得较为逊色。直到埃切加赖的作品问世，才使沉寂了半个世纪之久的西班牙戏剧得以复兴。埃切加赖的作品顺应西班牙民族文学传统，也正因为如此，他的作品才更容易为本国观众所接受。

2. 丰富多彩的创作题材

　　由于埃切加赖在弃政从文之前曾经是大学教授、科学家和政治家，他用这些身份度过了丰富多彩的42个春秋，积累了来自不同领域的大量生活体验。比起其他从年轻时就开始从事文学创作的人来说，埃切加赖对不同社会角色的亲身体验是一种巨大的创作财富。丰富的社会阅历使得埃切加赖在专门从事戏剧创作之后在创作题材上有了更灵活的把握，他所塑造的人物形象也多种多样。

　　从创作题材方面来讲，取材于现实生活的悲剧是埃切加赖最喜欢使用的模式。《在剑柄里》《不是精神失常，就是品德圣洁》就是这种类型的戏剧。在《不是精神失常，就是品德圣洁》里，为人诚实、正直的洛伦索居然在诚恳地说出真相之后遭到了众人的嘲笑和不理解，甚至认为他的精神出了问题，并被来自精神病院的医生强行拉走，唯一能理解他的女儿眼睁睁看着正常的父亲被当成疯子拉走却毫无办法。

　　这样的悲剧在现实生活中也会发生。在很多人的观念里，人类生来就应该是自私的，如果不在有限的生命里不择手段地为自己争取利益，就会被别人轻视和嘲笑。整日忙于追名逐利的人们很难理解一个崇尚真理、不被财富所摆布的人发自肺腑的真言，反而情愿自在地生活在谎言中，埃切加赖正是对这样的生活现实深有感触，才会创作出卖座的剧本《不是精神失常，就是品德圣洁》。

身为传统的西班牙人，埃切加赖对当时国内观众的艺术需求还是十分了解的，他十分善于用夸张、离奇的剧情迎合观众的口味和心理，用流行的社会观念来装饰自己的戏剧作品。对古老的西班牙民族来说，无论是在工作中还是在生活中，维护名誉都是十分重要的事情，如果名誉受损，人们便会使用一切办法来维护和捍卫它，必要时甚至使用血腥、残忍的手段。埃切加赖的很多文学作品取材于西班牙人民的这个传统精神。

《在死亡的怀抱里》讲述了公爵海梅与妻子、弟弟之间的感情纠葛，海梅用死维护了家族的荣誉和自己的尊严，同时也将妻子和弟弟置于死地。《溅血濯耻》中，当马蒂尔德持刀将恩里克塔杀死之后，费尔南多将刀子夺过，一手拿着刀子，一手高举能够证明新婚妻子恩里克塔背叛自己的信件，这种姿态生动地说明了丈夫是可以为了洗刷耻辱杀死妻子而不受到法律的制裁的。这样血淋淋的题材都来源于西班牙道德层面对于维护名誉的认知。

对于社会伦理道德的讨论是很多戏剧家惯用的题材，埃切加赖对于这种题材也情有独钟。社会伦理道德的相关题材更容易引起观众的共鸣，因为无论是在过去还是现在，人们对于自然而然形成的社会法则都在进行着不停的探索。什么是对的，什么是错的，这些基本的人生问题被反复考察和论证。对文学作者来说，埃切加赖本身也在探讨着关于道德的问题，将对社会的道德观察作为戏剧创作的题材，既能引起观众的共鸣，又能发表作者的观点。

为埃切加赖赢得诺贝尔奖的《伟大的牵线人》就是埃切加赖在对社会伦理道德进行观察之后发表的个人观点。埃内斯托虽然对自己年轻的养母特奥拉多有所倾慕，却从来没有想过打破道德底线满足一己私欲。然而，社会上就是有那么一些人，他们善于臆想和捏造事实，他们在面对伦理道德问题时总是充满了固执的偏见。不承想，虚伪的人们本来想用所谓的道德法则来制裁埃内斯托，却在阴差阳错中促成了一对佳人。

在封建社会长期的统治下，欧洲文学与宗教总是有着千丝万缕、密不可分的联系，在欧洲较早的文学形式中，神话传说是不能被忽视的体裁。人们对宗教的认知和信仰与他们对文学作品的喜好之间有着微妙的联系。虽然到了埃切加赖所处的时代，宗教在西班牙的地位已经没有以前那么重要了，但是，还是有不少剧作家喜欢以宗教问题为基本题材进行文学作品的创作。

不过，埃切加赖却并不十分喜欢在宗教领域里进行什么探索，这与他本身没有强烈的宗教信仰有着直接的关系。1878年首演的《路标和十字架》是埃切加赖撰写的为数不多的以宗教为创作题材的作品中的一部。在这个剧本中，虽然埃切加赖谈到了天主教，却并没有对这种宗教发表任何有特点的意见。在《黑衣人》中也是如此，在这类题材中，埃切加赖多是将宗教作为故事发生的背景，内容讲述的仍然是人与人之间的矛盾。

对政治题材来说，虽然埃切加赖曾经拥有过公共工程部部长、发展部大臣、财政大臣等诸多政治头衔，对政治家们之间的钩心斗角、明争暗斗有着比较全面的了解，然而，性情温和的埃切加赖并不喜欢将这些东西作为写作素材融入自己的作品中。在埃切加赖创作的以政治为背景题材的剧本《没有结局的喜剧》里，他没有对任何人进行影射或是讽刺，对他来说，政治也只是他创作故事的环境而已，并没有什么特殊的意义。

3. 借鉴文学大师的智慧

从18世纪初开始，由于外来王朝对西班牙的统治，西班牙本土文化的发展受到了一定程度的制约。法国文化此时大范围地流入西班牙，严重地影响了西班牙文学的发展。梅内德斯·伊·佩拉约曾经就当时西班牙文学状况评论说道："几乎所有的西班牙人全都认为18世纪是一个毫无光彩的时代。"不过，来自法国的浪漫主义流派却影响了西班牙文学界的一代人。

那个时期最杰出的诗人是胡安·梅伦德斯·巴尔德斯，尽管他以新古典主义风格写作，但同时是西班牙浪漫主义诗歌的先驱。可以与胡安·梅伦德斯·巴尔德斯相提并论的还有两位寓言诗作家费利克斯·马里亚·德·萨马涅戈和托马斯·德·伊里亚特。而在剧作家方面，除了莱安德罗·费尔南德斯·德·莫拉廷写的《新喜剧》以外，却没有什么值得一提的好作品了。

埃切加赖从小便成长在这种文化氛围之中，因此，法国浪漫主义流派对他的影响很大，很多法国的剧作家和戏剧作品也为他的文学创作提供了借鉴。法国浪漫主义作家维克多·雨果就是其中一位。

雨果是19世纪前期积极浪漫主义文学运动的领袖，法国文学史上卓越的资产阶级民主作家，几乎经历了19世纪法国的所有重大事件。一生写过数量庞大的诗歌、小说、剧本、散文和文艺评论及政论文章，雨果的创作历程超过60年，合计79卷之多，给法国文学和人类文化宝库增添了一份十分辉煌的文化遗产。

1827年，雨果为自己的剧本《克伦威尔》撰写并发表了一篇序言，在此之前，《克伦威尔》因为不符合舞台艺术要求而未能实现公演，而这篇序言则成为声讨古典主义的檄文，同时也是浪漫主义运动的重要宣言、浪漫主义文艺理论的经典，雨果本人也因此被公认为浪漫主义运动的领袖。序言里提出浪漫主义的美学主张，宣扬滑稽丑怪与崇高优美的对照原则，力图扩大艺术描写的范围。

这里所说的浪漫主义美学主张是埃切加赖最常运用的创作手法，在他的诸多作品中都能看到美与丑、善与恶之间的鲜明对比。这种写作手法的运用直接使得埃切加赖的作品在公演时更容易调动观众情绪。除了雨果以外，善于运用社会道德题材进行创作的法国现实主义作家亚历山大·小仲马对埃切加赖的影响也很大。

小仲马的剧作是法国戏剧由浪漫主义向现实主义过渡时期的产物，《茶花女》也被视为法国现实主义戏剧开端的标志。他的剧作不以情节的曲折离奇取胜，而以真切自然的情理感人，结构严谨，语言流畅，富有抒情意味。很多时候，埃切加赖在处理自己作品中的人物对话时会借鉴小仲马的手法，使得作品语言清晰、流畅，更加有血有肉，从而使得舞台演出更加贴近现实生活，观众更容易接受和产生共鸣。

埃切加赖在创作《玛莉亚娜》的时候，明显借鉴了小仲马的《茶花女》。《茶花女》真实生动地描写了一位外表与内心都像白茶花那样纯洁美丽的少女被摧残致死的故事。而《玛莉亚娜》则讲述了一位女演员历尽千辛万苦、通过自己的种种努力最终实现愿望的感人故事。在两部作品中，两位作者都选取了生活中真实存在的人物经历为创作题材，用文学演绎了不同的人生，却取得了同样的效果。

除了法国作家以外，欧洲古今多位著名作家都曾经在无形中给予埃切加赖创作灵感。意大利诗人但丁所作的《神曲》中的加勒奥托就被埃切加赖演绎成了自己笔下的"伟大的牵线人"。而被誉为"人类最伟大的戏剧天才"的英国剧作家威廉·莎士比亚在戏剧创作上的巨大成就，更是成了埃切加赖向往的天堂，在他以后的任何一个剧作家在创作的时候，都会或多或少受到莎士比亚式戏剧创作的影响。

莎士比亚的戏剧是为当时英国的舞台和观众写作的大众化的戏剧，因而，它具有悲喜交融、雅俗共赏以及时空自由、极力调动观众想象来弥补舞台的简陋等特点。而埃切加赖正是学习了莎士比亚的这一点，在调动观众情绪、用剧情的跌宕起伏和峰回路转来渲染舞台气氛方面做得十分到位。也正因为如此，观众对埃切加赖的剧作才会更加买账，使得埃切加赖能够在文学创作道路上走得更远。

挪威诗人和剧作家易卜生的早期作品也对埃切加赖的剧本创作有着很大的影响。1828年出生的易卜生与1832年出生的埃切加赖年龄相仿，而前者走上文学道路的时间却比后者早了二十多年。在易卜生的早期创作中，民族题材成为他创作的主要内容，作品常常展现出作者强烈的爱国热忱和浪漫主义色彩。到了创作中期，对社会罪恶和弊病的批判就成了易卜生最为常用的题材。

无论是《伟大的牵线人》还是《不是精神失常，就是品德圣洁》，埃切加赖都借鉴了易卜生的批判手法，发表了个人对社会道德的观察和讨论。

4. 埃切加赖的流派之争

　　人们喜欢将历史上不同风格的作家划分至不同的流派，然而，对埃切加赖做了一番仔细的分析之后，却发现很难将他划分到具体流派。文学流派是指在文学发展过程中，一定历史时期内出现的一批作家，由于审美观点一致和创作风格类似，自觉或不自觉地形成的文学集团和派别，通常是有一定数量和代表人物的作家群。

　　文学流派和创作方法有着较为直接的联系。同一流派的作家往往采用同一种创作方法来反映现实，不同流派的作家则往往采用不同的创作方法来反映现实。当一个流派比较突出地反映了某一时代的社会思潮和审美理想，并在创作方法上有所创新时，就可能成为在那一时期占统治地位的流派，在相当长的时期内影响整个文学艺术，成为一种文学思潮。

　　在西方文学中，17世纪以来的古典主义、新古典主义、浪漫主义、现实主义、自然主义等流派都是较为主流的流派。

　　古典主义是在17世纪流行于西欧的一种文学思潮。这一潮流是特定历史时期产物，因为它在文艺理论和创作实践上以古希腊、罗马文学为典范和样板而被称为"古典主义"。作为一种文艺思潮，古典主义在欧洲流行了两个世纪，直到19世纪初浪漫主义文艺兴起才结束。古典主义在17世纪的法国最为盛行，发展也最为完备。法国古典主义的政治基础是中央集权的君主专制，哲学基础是笛卡儿的唯物主义理论。

古典主义在创作理论上强调模仿古代，主张用民族规范语言，按照规定的创作原则进行创作，追求艺术完美。古典主义的代表人物有拉辛、莫里哀、拉封、博叙埃、布瓦洛、拉布吕耶尔、圣西门和费讷隆等。

新古典主义推崇理性，强调明晰、对称、节制、优雅，追求艺术形式的完美与和谐，它兴起于18世纪的罗马，并迅速在欧美地区扩展。新古典主义之所以出现，一方面是出于对巴洛克和洛可可艺术的反对，另一方面则是希望重振古希腊、古罗马的艺术。新古典主义的艺术家刻意从风格与题材上模仿古代艺术，这一流派的文学发展以英国最为突出。

新古典主义时期的作家在创作时寻求表达与措辞上的协调、统一、和谐与典雅，努力使作品喜闻乐见并富于教义。这一流派的代表人物有约翰·班扬、亚历山大·蒲伯、丹尼尔·笛福、乔纳森·斯威夫特、亨利·菲尔丁、塞缪尔·约翰逊、理查德·比·谢立丹和托马斯·格雷等。

浪漫主义文学产生于18世纪末，在19世纪上半叶达到繁荣，是西方近代文学最重要的思潮之一。浪漫主义文学是对文艺复兴时期人本主义理念的继承和发扬，也是对僵化的法国古典主义的有力反驳。浪漫主义文学和随后出现的现实主义共同构成西方近代文学的两大体系，造就了19世纪西方文学盛极一时的繁荣局面，对后来的现代主义和后现代主义文学产生了深远的影响。

浪漫主义流派最先形成于德国，而后波及英国、法国和俄国以及其他西方国家，在短短的十多年里，迅速发展成为一场风靡欧洲的文学运动，相继产生了许多有影响的作家和作品。这一流派的代表人物有雨果、雪莱、海涅、大仲马、拜伦、史蒂文森等。

现实主义文学思潮是西欧资本主义制度确立和发展时期的产物，资本主义制度种种弊病的暴露使得人们的浪漫热情和"理想王国"的幻想破灭了，于是形成了一种冷静务实的社会心理。现实主义文学就是这种尖锐复杂的阶级矛盾和社会心理在文学上的反映。在思想方面，辩证法、唯物主义哲学、空想社会主义学说以及自然科学的新成就，都对现实主义文学的兴起产生了不同的影响。

现实主义文学继承了古希腊以来的文学优良传统，而18世纪的启蒙文学又为19世纪现实主义的兴起做了直接准备。现实主义文学注重反映生活的真实性，热衷于用人道主义思想来批判残酷的社会现实。这一流派的代表人物有巴尔扎克、司汤达、福楼拜、狄更斯、普希金、托尔斯泰、果戈理等。

作为西方文学的一个流派，自然主义文学产生于19世纪下半叶的法国，19世纪末和20世纪初传至欧美和世界各国。自然主义文学是西方现实主义文学发展到极致蜕变的产物，也是生物学、遗传学等科学理论影响文学创作的结果。自然主义思潮持续的时间并不长，成就基本只局限于文学领域，尽管"自然主义"一词本身来自绘画艺术领域。

自然主义文学是现实主义文学吸收了实证主义、遗传学说和决定论的观点而发生演变的结果。自然主义流派的代表人物有莫泊桑、埃米尔·左拉、龚古尔兄弟、盖尔哈特·霍普特曼、乔治·吉辛、约翰·奥古斯特·斯特林堡等。

从作品的题材、内容等艺术特点上来看，埃切加赖的作品多是描写家族或是个人之间的恩怨，不具备现实主义文学作品对于社会现象进行强烈批判的特点；因为没有模仿希腊、罗马古代文学作品的痕迹，甚至看不出类似的风格，所以也不能将埃切加赖划归古典主义或是新古典主义范畴；至于自然主义就更不用说了，埃切加赖的作品与自然主义流派主张的采用自然科学的方法对事物进行客观描述基本上没有任何关系。

更多的时候，埃切加赖的作品重个人感情的表达，形式较少拘束且自由奔放，显示出浪漫派作家的风格，不过，从严格意义上来说，浪漫主义宗旨与"理性"相对立，但埃切加赖的作品中却常常能够看到"理性"的影子，因此说他是浪漫主义流派也有些牵强。从历史的角度来看，擅长运用浪漫主义手法却常常将现实生活作为基本写作题材的埃切加赖更像是新浪漫主义的奠基人。

5.因不完美而更真实

虽然埃切加赖凭借着强烈的创作欲望和源源不断的创作灵感成了西班牙文学史上极为重要的历史人物，甚至肩负了振兴西班牙戏剧的历史重任，然而，在大部分观众对他的戏剧作品大加追捧的同时，有很多人却对埃切加赖的作品并不买账。

这些人对埃切加赖创作的戏剧作品的不满表现在以下几方面：内容过于荒诞离奇、严重脱离生活现实；为了追求刺激的情节而使得几乎每一部作品中都有多人以各种血腥的方式死去；因为对人类的社会性认识得不够全面而使得笔下人物个性或多或少存在各种缺陷；哗众取宠的台词缺乏艺术性。

首先，从埃切加赖的创作题材和写作内容来看，他的确过分追求情节的曲折离奇和场面的惊险刺激，以至于对很多场景的描述都缺乏最基本的现实依据，严重偏离了真实的生活环境。这一点在《不是精神失常，就是品德圣洁》之中能够明显地感觉到，主人公洛伦索在说出关于自己真正身世的实情时，居然在场的所有人都不相信他，这是违背常理的。最起码有一些觊觎阿文达尼奥家族财产的人应该在这时候提出异议才对。

之后情节的发展就更加离奇了，洛伦索的肺腑之言不但没有得到任何人的信任，反而被人们认定是得了精神病，还被精神病院来的医生强行拉走，而他的女儿却只能在一旁哭泣。这种情节设计完全脱离了现实生活，显得空洞而缥缈。

埃切加赖那些富于幻想的作品虽然能使观众因为感到新奇而为之叫好，却常常因为情节禁不起推敲而漏洞百出，甚至不能自圆其说。在埃切加赖的剧作《如始如终》里，可怜的堂巴勃罗被妻子失手误杀，仅仅是因为房间过于黑暗，这是十分经不起推敲的情节。妻子完全可以在黑暗中点燃灯火，这种悲剧也就不会发生了。显然，埃切加赖只是想在确定的时刻让某个人物"按时死亡"，为剧情发展做出贡献，至于是怎么个死法，他就不那么关注了。

此外，在很多地方由于剧情前后变化巨大，承上启下的部分又没有经过精心处理，也让他的一些作品在情节发展上显得极为生硬。例如在《复仇者的妻子》这部小说中，从小就双目失明的奥罗拉竟然在关键情节上复明，并看到了杀死父亲的凶手的面容，继而受到刺激再次失明。在第二次失明的过程中，奥罗拉与杀父仇人卡洛斯在意外的情况下相识相恋，当剧情发展到高潮的时候，奥罗拉又再次奇迹般地复明，并看到卡洛斯自杀的过程。

由此看来，奥罗拉的眼睛该在什么时候失明、什么时候复明完全是为了剧情的发展而设计的，埃切加赖在这些情节的描述中没能把前因后果交代得更加合理和清楚，使得观众看到转折点时容易有突兀之感。

其次，从血腥场面的描写来看，埃切加赖确实喜欢在每一部剧作中都"杀死"几个人，这已经成了他剧本中司空见惯的情节，仿佛只有死亡才能使得剧中的各种矛盾上升到最高点。比如《在剑柄里》年轻的费尔南多仅仅是为了维护母亲的名誉，就用藏着他身世秘密的宝剑自杀并倒在血泊中，事实上，故事还可以有另一个结局——费尔南多只需要把这把宝剑妥善处理好就可以了，完全没有必要做出流血牺牲。

而在《在死亡的怀抱中》这部剧里，海梅与弟弟曼弗莱多先后自杀，留下贝亚特丽斯一个人在墓道里自生自灭，这种一下死掉三个人的结局也是不靠谱的，至少海梅和他的妻子贝亚特丽斯是没有必要死掉的。

再次，从人物性格刻画的角度来说，由于埃切加赖惯于用完全的想象力去创造人物，这些戏剧人物大多没有现实生活中的原型，百分之百的杜撰不免会使得这些无血无肉的戏剧人物在性格和心理方面有着明显的缺陷。甚至有人激进地认为，埃切加赖一生的作品中所描述的人物实际上就是确定的几个人，他们在性格和人物形象上都有着或多或少的相似，这也是凭空杜撰人物的局限性所致。

在埃切加赖的诸多作品中，似乎男一号全都是刚正不阿、诚实可靠的人物，而女一号全都是柔弱、善良而有苦衷的。这些人物性格和生活处境等方面的雷同全部来源于埃切加赖对人物形象和个性不够细致的描写和刻画。

最后，从台词方面来说，无论是诗剧还是散文剧，埃切加赖的文笔显然没有剧情那样精彩纷呈。其实这一点也是情有可原的，毕竟埃切加赖并不是学文出身的，他只是以一个文学爱好者的身份走上创作道路，在此之前，无论是数学教授还是科学家、政治家的身份，这些都与文学有着十万八千里的距离，完全挨不上边。埃切加赖的生活环境和教育经历使得他并没有在成为剧作家之前养成良好的文学素养。

在这种情况下，埃切加赖的诗剧在文字上总是显出明显的弱势，诗句中常常会出现不能押韵、用词不当的错误，甚至有时候为了诗歌形式上的规整，埃切加赖不得不将一些词句生拉硬拽地拼凑在一起。相比之下，埃切加赖的散文剧在文笔上要好于诗剧，这主要是因为散文剧在台词处理上并不拘泥于某些特定的形式。

总之，虽然埃切加赖在戏剧创作上有着这样那样的缺点，但是也正是这些不完美使得他的作品更加能够突出作者的真实感，使得人们对埃切加赖总是感到亲切，而不是像某些文学圣人那样不可接近。

第十章 光荣的诺贝尔奖得主

1. 埃切加赖戏剧现象

从时代背景上来看，埃切加赖的作品之所以能够受到广大观众的认可和追捧是有原因的。从16世纪中期到17世纪初期是西班牙文学发展的"黄金世纪"，在这段时间里，无论是诗歌、散文、小说还是戏剧，西班牙都涌现出了一批思想进步、成就斐然的文学大家。

在这个文学发展的"黄金世纪"里，作家米格尔·德·塞万提斯·萨维德拉无疑是西班牙文坛最为璀璨的一颗明星，他创作的《堂吉诃德》使得那个时期的西班牙文学发展到了最高峰。《堂吉诃德》本身所包含的意义，远远超出了它原定的嘲弄骑士小说的目的，而是对当时西班牙的社会现实作了极为广泛而深刻的讽刺性的描绘。而堂吉诃德这个人物也成为受到嘲笑、遭到打击的理想主义者的悲剧性典型。

在"黄金世纪"里成就最高的剧作家是洛佩·德·维加。作为杰出的戏剧革新者，洛佩·德·维加首创了三幕喜剧的戏剧表现形式，摒弃了刻板的古典戒律，打破了悲剧与喜剧的严格区分规则。洛佩·德·维加一生共创作了大大小小1800个剧本，是一位极其高产的剧作家，可惜的是完整传世的仅有数百部。洛佩·德·维加把维护人的尊严和荣誉的主题写进戏剧，成为西班牙戏剧的一个特点，而他高超的戏剧写作手法也成为后世戏剧家仿效的典范。

17世纪以后的西班牙文学逐渐走向了衰败和没落，这使得那个时期的文学作品中或多或少地表现出了浓重的悲观、失望情绪。到了18世纪初，在外来王朝的统治下，西班牙民族文学发展受到了制约，大部分文学家在这个时候都热衷于模仿法国的写作手法和作品，以民族传统为创作根基的作品少之又少。到了19世纪初，虽然西班牙的小说和散文文学的发展有了一定的恢复和前进，涌现了不少优秀的作家，但是，在戏剧方面却仍然没有任何起色。

正在西班牙民族戏剧创作陷入一片萧条的境地而无法自拔之时，埃切加赖的剧本《支票簿》在首演时为西班牙戏剧带来了惊喜。或许最开始人们只是出于想要一睹财政大臣的文学风采这个目的才给予《支票簿》极大的关注，但是，当首演结束、观众席爆发出持久而热烈的掌声之时，人们已经预感到，西班牙新戏剧时代已经开始了。而埃切加赖也用实力证明了自己创作的剧本取得的成功并不是昙花一现，继而发展了整个西班牙的民族戏剧。

埃切加赖的戏剧既立足于本民族的光辉传统，又接受了外来文学思潮的影响，具有丰富的幻想和强烈的抒情性，基本是用离奇的情节对浪漫主义历史剧进行改头换面的再现。他把扣人心弦的暴力冲突与出人意料的结局奇妙地编排在一起，使观众的神经一直处于紧张状态。虽然这类戏剧作品往往缺乏真实性，不过，埃切加赖还是凭借天马行空的想象力和大胆的创造力开创了西班牙文学史上的"埃切加赖戏剧现象"。

当西班牙广大的文学爱好者亲眼看见了埃切加赖的巨大成功之后，其中一部分人便将埃切加赖奉为了心中的偶像，不管是出于跟风以实现个人利益的目的，还是纯粹发自内心的崇拜，一时间，埃切加赖的身边出现了众多的追随者，他们模仿埃切加赖的写作手法、跟风他的写作题材、追随他的戏剧演绎模式，创作了一大批与埃切加赖作品风格、题材相近的剧本，使得"埃切加赖式文学"俨然成了一种新的流派。

在"埃切加赖戏剧现象"出现之时，莱奥波尔多作为埃切加赖的好友首当其冲地成了他的追随者。莱奥波尔多效仿埃切加赖的风格创作了剧本《西番莲》，在首演时也取得了不错的成绩。此外，欧亨尼奥·塞耶斯与迪森塔也对埃切加赖的创作风格和创作手法进行了模仿，写出了《难解之结》《荣誉与生命》两个剧本。不过迪森塔在创作生涯的后半段渐渐偏离了埃切加赖对他的影响，这也是时代进步的正常现象。

在埃切加赖的剧本创作达到如日中天的顶峰之时，他的追随者也达到了一个高峰。不过，还是有一些不愿随波逐流的西班牙文学家坚持走有自己特色、不盲目跟风的创作路线，其中比较有代表性的就是剧作家恩里克·加斯帕尔。加斯帕尔一直秉持忠于自己独特风格的创作思想，在这种信念下完成了70多个剧本，不过，由于遭到了"埃切加赖戏剧现象"的冲击，他的这些剧本没有几部能在剧院卖座的。

到了19世纪末，战乱使得西班牙君主制度的腐朽没落暴露无遗，整个国家面临着革新的压力。对西班牙现状和未来的忧虑，使得年青一代的作家在创作中形成了一股新的思潮。在这个特殊时期，尼采、叔本华、易卜生、托尔斯泰的哲学思想和艺术观点逐渐取代了西班牙原来的陈腐的传统思想，新的创作思路如雨后春笋一般不断涌现出来。

已经完成历史使命的埃切加赖的戏剧生涯也在这个时候开始逐渐走上了下坡路，"埃切加赖戏剧现象"也从此开始逐渐销声匿迹。

2. 来自墨西哥的好评

从《支票簿》首演开始，埃切加赖在西班牙戏剧界一跃成了远近闻名的文学大家，在同一个时代，除了西班牙人民给予了埃切加赖热情的赞扬和支持以外，墨西哥人民也被这位外国作家征服了，虽然从来没有见过埃切加赖的真面目，喜欢观看戏剧的墨西哥人却对他的作品耳熟能详。究其根源，还得从一个名叫恩里克·瓜斯帕的人说起，因为正是这个人将埃切加赖的作品带入了墨西哥戏剧界，让这位来自异国他乡的文学大家受到墨西哥人民的爱戴。

把埃切加赖的戏剧带入墨西哥的恩里克·瓜斯帕并不是墨西哥人，而是地道的西班牙人，他于1845年出生在西班牙的马洛卡，年轻的时候被西班牙政府派遣到古巴做了一名西班牙驻古巴军队的高级军官。作风良好、品德高尚的瓜斯帕后来被晋升为驻军司令的助理，在军事上有一定的作为。不过，对军队生活感到厌倦的他在1868年向司令吐露了自己的心声并申请退役，得到批准之后便离开军界，去了他向往的戏剧界发展。

西班牙著名演员爱德华多·冈萨雷斯在墨西哥成立了一个剧团，他在异国他乡将自己的戏剧事业进行得如火如荼。机缘巧合之下，瓜斯帕进入了爱德华多的剧团，也在墨西哥搞起了自己的戏剧事业。不过，与埃切加赖不同，瓜斯帕并不想成为剧作家，他最初的梦想是做一名像爱德华多一样优秀的戏剧演员。不过，刚刚退役之后的瓜斯帕在爱德华多的剧团还只是一名小小的配角，因为并不是十分擅长表演，他的演员地位也一直没有得到飞跃式提升。

两年之后，爱德华多将墨西哥国家剧院退租，转战到了别的地方发展。这个时候，在演员这个行当上并没有什么出色表现的瓜斯帕想到了组织一个自己的剧团，用另一种方式追求自己对戏剧的热爱。不过，无论是表演能力还是财力，瓜斯帕想要靠一个人的力量组织剧团十分困难，于是，他与当时在墨西哥十分受欢迎的康康舞表演者阿玛丽亚·戈麦斯结成了合作伙伴，两人一起将墨西哥国家剧院租了下来。

因为阿玛丽亚是舞蹈演员出身，恰逢热情、火辣的康康舞在那个时候的墨西哥颇受欢迎，瓜斯帕的剧团一开始便请来许多年轻漂亮的姑娘排练康康舞，剧团的演出也就以表演舞蹈为主，在这种情况下，瓜斯帕的剧团逐渐积累了一批固定的观众群。不过，瓜斯帕的心思始终在戏剧上，当他看到几位西班牙浪漫主义剧作家的作品在墨西哥上演后受到广泛好评后，便有了将自己祖国的戏剧系统地介绍给墨西哥观众的想法。

墨西哥是美洲大陆印第安人古老文明中心之一，闻名于世的玛雅文化、托尔特克文化和阿兹特克文化均为墨西哥古印第安人创造。到了16世纪初，西班牙人举兵入侵墨西哥，使得墨西哥在1521年因战败而沦为西班牙殖民地。1522年西班牙在墨西哥城建立了总督区，开始了对墨西哥将近三百年的统治。

在西班牙侵略者进入之前，墨西哥的印第安民族就有着简单的戏剧表演雏形，这些表演多数情况下是在祭祀或节日的时候人们自发在神庙或集市前表演的舞蹈、歌唱和哑剧。到了16世纪末，被殖民者统治着的墨西哥已经有本地出生的剧作家的作品在固定的剧场上演，这一时期的墨西哥剧作家代表人物是埃斯拉瓦和拉米雷斯。

墨西哥文坛上绝大多数的文学家在西班牙统治时期深受异国文艺思潮的影响，创作风格与西班牙文学家类似，本民族文化发展被严重抑制了。17世纪墨西哥最优秀的剧作家是胡安·路易斯·德·阿拉尔孔，不过他后来在西班牙定居，生活和创作完全脱离了自己的祖国。到了18世纪初，集演员和剧作家于一身的欧塞比奥·贝拉与弟弟何塞组成了一个小剧团，使得本土剧作家的作品得以经常在墨西哥于1713年和1725年建成的两座正式剧场里上演。

1810年，墨西哥爆发了针对西班牙殖民者的独立战争，此后经过多次战争，墨西哥终于在1821年8月24日宣布独立，并在第二年5月由伊图尔比德建立起"墨西哥帝国"。到了1823年底，墨西哥宣布成立共和国，并于1824年10月正式成立联邦共和国。在墨西哥摆脱西班牙殖民统治、建立独立的新国家的时期，墨西哥文学的发展因为战乱而暂时停滞。

成立联邦共和国之后，人民的生活逐渐稳定，文化生活也随之活跃起来，不过在戏剧方面仍然没有什么新的进展。在1867年之前，墨西哥联邦共和国还发动了多次针对外来侵略者的保卫战争，这也使得墨西哥文学发展受到了一定程度的抑制。1867年，法国、英国、西班牙等入侵者被彻底赶出墨西哥，到了这个时候，墨西哥文学发展才正式放开了脚步。而这个时候也正是瓜斯帕来到墨西哥发展戏剧事业的时候。

埃切加赖作品的到来，使得对本土传统戏剧感到厌烦的墨西哥观众受到了前所未有的文化冲击。1875年9月22日，埃切加赖的《支票簿》在墨西哥国家剧院首演，比起中规中矩的墨西哥社会剧，充满夸张戏剧色彩的新浪漫主义剧作让墨西哥观众眼前一亮，随后这位来自西班牙的文学巨匠的良好形象便在墨西哥人民的心中生根发芽了。

《支票簿》在墨西哥首演的成功，使得瓜斯帕更加乐于将埃切加赖的其他作品搬到墨西哥的舞台上，在《支票簿》之后，几乎每一部埃切加赖的作品在西班牙首演之后一年内就会在墨西哥进行首演。埃切加赖剧作的上演加快了浪漫主义文学在墨西哥的蔓延和发展，将墨西哥文学带入了新的发展时代。

3. 文学院士的殊荣

1882年，西班牙皇家语言学院的院士、本土著名作家拉蒙·梅索内罗·罗马诺斯与世长辞，由此院士的席位出现了一个空缺，皇家语言学院必须选举一位有威望的作家接受院士头衔，这也是这个学院建成以来的一种规律和习惯。始建于1714年的西班牙皇家语言学院一直致力于规范本民族的语言和保护本民族的文化，这一次的院士选举当然首当其冲要本着保护民族文化的宗旨。

在马德里各大剧院里剧本都十分卖座的埃切加赖很快进入了评委会的视线，作为西班牙文学家，埃切加赖的作品因为符合国人的审美观和价值观而深得本国人民的喜爱，尤其是刚刚上演的《伟大的牵线人》，更是用离奇的故事情节和精彩的人物对白将埃切加赖推上了艺术创作生涯的顶峰。无论从个人成就上来讲，还是从对社会文化做出的贡献上来说，埃切加赖都有成为皇家语言学院院士应具备的所有条件。

能够当选为西班牙皇家语言学院的院士让埃切加赖感到十分荣

幸，毕竟从权威的角度来说，西班牙皇家语言学院对一个文学家的嘉奖最能体现受奖者的价值。从1873年弃政从文以来，虽然精彩绝伦的剧本创作使得埃切加赖成了西班牙人民心目中的文学大家，然而，他却一直缺少一种来自权威者的认可和赞许。在文学道路上蹒跚走过9个春秋之后，埃切加赖的文学成就终于被整个西班牙所承认，这是对他最好的褒奖。

在得知自己被选为新一任西班牙皇家语言学院院士之后，埃切加赖兴奋地把这一消息告诉了当时已经远离政治、投身自由撰稿人的卡斯特拉尔，让朋友分享自己的这一份喜悦。同时，由于就任皇家语言学院时将会进行一种特殊的仪式——请一位有威望的人为受奖者做介绍报告，埃切加赖经过考虑之后决定请卡斯特拉尔来帮他做这份报告，而卡斯特拉尔也非常荣幸能够在院士嘉奖仪式上为埃切加赖发表演讲。

不过，由于卡斯特拉尔的工作十分繁忙，迟迟没有时间撰写介绍辞，这使得埃切加赖的授奖仪式一拖就是12年。卡斯特拉尔在离开政坛之后一直靠给各大报刊撰写文章维持生活，而当时在西班牙从事自由撰稿人并不是什么好差事，卡斯特拉尔必须马不停蹄地转动笔杆书写文章才能保证自己一家人的基本生活，因此，当埃切加赖向他委托介绍辞一事时，他虽然爽快地答应了，却根本没有时间认真去履行自己的承诺。

其实，如果只是出于应付随便撰写一篇介绍辞是很容易的事，但是，卡斯特拉尔的性格不允许自己对朋友的事情有半点疏忽，况且这是要当着众多西班牙皇家语言学院的学者、专家的面进行的演说，必须要认真对待，这样才能让自己在文坛上的形象更加完美。在卡斯特拉尔出于无奈而不断拖延撰写介绍辞的同时，性格温和的埃切加赖也从来没有想过要给这位曾经在共和国常务委员会解散之时救过自己命的恩人什么压力，一切顺其自然。

由于当事人和委托人都对授奖仪式并不十分上心，使得埃切加赖在被授予西班牙皇家语言学院院士的头衔后迟迟没有就职。直到有一天，西班牙皇家语言学院的院长在无可奈何的情况下找卡斯特拉尔进行了一番谈话，责备他在十几年的时间里从来没有认真对待过这件事之后，后者才勉强地挤出了一些时间，完成了那份迟到已久的院士就职介绍辞，埃切加赖也终于能够站在嘉奖仪式上接受众人的瞻仰和祝贺。

1894年5月20日，埃切加赖在西班牙皇家语言学院的院士会议上被正式接纳为文学院士，卡斯特拉尔向在座的院士做了关于埃切加赖的认真、详细的介绍辞，而埃切加赖本人也以《文学的演变》为题做了精彩的入职演讲。院士接纳会议结束后，西班牙皇家语言学院的院长与埃切加赖进行了亲切的谈话，并称赞埃切加赖的入职演讲是他所听过的入职演讲中最为精彩的演讲。

这样一来，埃切加赖就有了两个院士头衔，一个是西班牙自然科学院的科学院士，另一个是西班牙皇家语言学院的文学院士，在西班牙的文化发展史上，能够在同一时代将这两项殊荣揽于一身的也就只有埃切加赖一人了。埃切加赖在文学创作上得到了西班牙皇家语言学院的认可，使得他更加坚定地走在文学创作的道路上，在以后的日子里持续不断地推出大量优秀的戏剧作品。

4. 问鼎诺贝尔文学奖

1904年底，埃切加赖已经是72岁高龄的老人了，他在戏剧创作道路上已经在风风雨雨中走过了30个年头，创作了大量观众喜闻乐见的戏剧作品。不过，到这个时候为止，除了西班牙皇家语言学院给予埃切加赖文学院士的嘉奖以外，没有其他权威机构对埃切加赖在文学创作上的努力给予肯定和赞扬。不过，到了这把年纪的埃切加赖对这些外来的荣誉看得也比较淡了，相比之下，自己对自己成就的肯定显得更为重要。

1904年11月里的一天，屋子外面正淅淅沥沥地下着小雨，邮差冒雨为埃切加赖送来了一封贴着外国邮票的信件。埃切加赖在收信后仔细端详着信封上的寄信人一栏，发现这封信是从瑞典寄出的。埃切加赖并没有在瑞典定居或旅行的朋友，这是谁给他寄来的信呢？会不会是身在异国他乡的热心读者或是观众写来的信件呢？带着这些疑问，埃切加赖小心翼翼地将信封拆开，拿出里面的信纸读起来。

信上的内容让埃切加赖着实感到意外，寄出这封信的不是别人，正是瑞典学院，而信的内容对埃切加赖来说无疑是个天大的惊喜："根据A.诺贝尔生前所立的遗嘱内容，由于埃切加赖新颖独特的剧本创作风格继承与发扬了西班牙戏剧的伟大传统，特将本年度文学奖金的一半授予何塞·埃切加赖。"对文学爱好者和文学创造者来说，没有什么能比获得诺贝尔文学奖能够让人感到荣幸的了。

一般来说，诺贝尔奖下设立的科学方面的嘉奖由瑞典科学院评选，而埃切加赖的这封信件是从瑞典学院寄出的，实际上，瑞典学院就是瑞典文学院的代称。瑞典学院是瑞典国王斯塔夫三世仿照法兰西学院的模式于1786年4月5日在首都斯德哥尔摩创建的，其最初的重点甚至不在文学而在语言，主要是为了瑞典语言的"纯洁、活力和庄严"。到了1896年以后，瑞典学院接受了颁发诺贝尔文学奖的任务，其功能才逐渐向文学方面倾斜。

瑞典化学家、工程师、发明家、军工装备制造商和炸药的发明者阿尔弗雷德·伯纳德·诺贝尔在1895年11月27日写下遗嘱，承诺在死后捐献全部财产3122万余瑞典克朗设立基金，每年把利息作为奖金，授予"一年来对人类做出最大贡献的人"。根据他的遗嘱，瑞典政府于同年建立"诺贝尔基金会"，负责把基金的年利息按五等分授予不同领域的杰出人才，作为其中之一的文学奖就是授予在文学方面创作出具有理想倾向的最佳作品的人的奖项。

在1904年的诺贝尔文学奖评选过程中，评委会希望推选一位西班牙人作为受奖人，以鼓励西班牙的文学发展。经过多番讨论和筛选，最终选定了曾经写作出《伟大的牵线人》这部优秀作品的剧作家埃切加赖。之所以文学奖的奖金只能授给埃切加赖一半，是因为当年一共有两个人获得了诺贝尔文学奖，另一个人就是74岁高龄的法国普罗旺斯诗人弗雷德里克·米斯特拉尔。

当埃切加赖收到通知，知道他获得诺贝尔文学奖时，已经72岁高龄的埃切加赖无法经历漫长的舟车劳顿前往瑞典斯德哥尔摩参加领奖仪式，只能遗憾地委托西班牙驻瑞典公使巴斯托·伊·贝多亚代为领取奖章和奖金。在诺贝尔文学奖的授奖仪式上，埃切加赖的获奖原因被解释为"由于他大量出色的剧作,以其独特、新颖的风格,复兴了西班牙戏剧的伟大传统"。这也的确是埃切加赖文学创作道路的真实写照。

这次获奖使得埃切加赖在获得巨大荣誉的同时收获了不菲的奖金,这笔奖金为埃切加赖的晚年生活提供了优厚的物质保障。埃切加赖获得诺贝尔文学奖的消息很快传遍了西班牙的大街小巷,人们纷纷为西班牙人能够荣幸地斩获这一象征着巨大荣誉的奖项而感到欢欣鼓舞,埃切加赖的名字也成了西班牙民族文学史中光辉耀眼的几个字,人们纷纷用自己的方式向埃切加赖表达着无上的敬意和感激之情。

不过,与此同时,也有一些激进派的年轻人认为不应该把诺贝尔文学奖这一高尚的奖项颁发给"保守派"的埃切加赖,在他们看来,将诺贝尔文学奖颁发给已经72岁高龄的埃切加赖违背了诺贝尔的初衷,认为这笔奖金应该颁发给更需要用钱来实现和超越自己文学成就的年轻人。

不过,反对的呼声毕竟十分微弱,况且埃切加赖的文学成就也绝对对得起诺贝尔文学奖这个无上的荣誉,因此,当时的国王阿方索十三世与广大臣民一起为埃切加赖的获奖举办了盛大的庆祝活动,埃切加赖也成了西班牙文学发展史上一颗璀璨的明星,他的光辉将永远照耀西班牙的文学后辈们,正如他的奖章至今一直陈列在西班牙银行一样。

5. 拉上文学生涯的大幕

在获得诺贝尔文学奖的1904年，埃切加赖第三次被任命为西班牙政府的财政大臣，努力拯救自1898年美西战争失败后陷入重重危机的西班牙财政，此后他仅仅用了一年的时间就使国家的财政预算出现顺差，为西班牙的繁荣发展做出了最后的贡献。随后，在众人敬佩的目光和热烈的掌声中，他告别政坛和文坛，完全引退，此时他仍是国会议员、语言科学院院士和自然科学院院士。

在问鼎诺贝尔文学奖之后，年事已高的埃切加赖在1905年宣布退出文坛，将精力转移到年轻时一直为之奋斗的数学研究上。1908年埃切加赖还接任过西班牙国家烟草印花管理委员会主席的职位。在1905年宣布退出文坛后的11个年头里，埃切加赖没有再创作过任何文学作品，诺贝尔文学奖为他带来的丰厚奖金使得他在晚年完全不必为生活开销而操心，因此度过了一个温馨、幸福的晚年。

1916年9月14日，埃切加赖在自己的家中安然辞世。在此之前，西班牙自然科学院为了表彰埃切加赖在各方面对人类的贡献而设立了"埃切加赖奖"，每年都会像诺贝尔奖一样将这个奖项颁发给在自然科学领域做出年度最佳贡献的人。埃切加赖辞世前，这一奖项被颁发给了西班牙杰出的数学家、发明家莱昂纳多·托莱斯，"埃切加赖奖"也将会永远载着这位科学天才、文学巨人的精神和梦想在后世流传。

综观埃切加赖的文学之路，他的创作生涯可以被分成两个阶段：第一阶段，在具有现实主义特点的独幕剧《支票簿》首演获得成功之后，埃切加赖的文学之门被正式打开。随后，埃切加赖致力于用离奇的情节对浪漫主义历史剧进行改头换面的再现，将扣人心弦的暴力冲突与出人意料的结局奇妙地编排在一起，让观众在观看演出的过程中大呼过瘾。虽然这类戏剧作品因为缺乏真实性而略有瑕疵，不过，他开创了西班牙文学史上的"埃切加赖戏剧现象"。

在创作了剧本《不是精神失常，就是品德圣洁》之后，埃切加赖的写作题材又回到了反映时代精神的层面。在这一阶段中，埃切加赖创作了大量具有独特风格并能显示出他的天才特点的剧作，如《复仇者的妻子》《在剑柄里》《不是精神失常，就是品德圣洁》《有几次在这儿》《在死亡的气氛里》《无边的海洋》《嘴唇上的死亡》等。在埃切加赖的戏剧创作达到辉煌的顶峰之时，《伟大的牵线人》诞生了，此后埃切加赖开始了自己创作的第二阶段。

埃切加赖后期较受观众欢迎的剧作有《两种义务间的冲突》《贱民》《初出茅庐的批评家》《玛莉亚娜》《溅血濯耻》《污点》等。其中《溅血濯耻》和《污点》是在同一时期完成创作、在同一年上演的，不过观众的反应却有较大的区别。《溅血濯耻》是女演员玛丽亚担纲女一号，在年初上演时获得极大成功；而《污点》是以男演员为重的戏剧，在上演时并没有得到观众热情如火的赞誉。有成功也有失败，这就是埃切加赖的作品的特点。

值得一提的是，埃切加赖的作品之所以能够得到西班牙观众如此强烈的喜爱和追捧，与排演剧本的演员们有着不可分割的关系。当时，西班牙有很多有远大理想和抱负的戏剧演员，他们用超强的理解能力体会着剧本中人物角色的心理活动和人物性格，而后又用高超的演技将埃切加赖融入作品中的感情和理念完美地展现出来，帮助观众更容易地理解作者的意图，从而使得埃切加赖的戏剧语言更容易被西班牙观众所接受。

这些优秀的西班牙演员包括男演员安东尼奥、马努埃尔、拉斐尔、里卡多、多纳托·希梅内斯，费尔南多·迪亚斯·德·门多萨和女演员迪亚斯、拉马德里、巴敦、孔特莱拉斯、玛丽亚·格雷罗等。其中男演员安东尼奥作为当时最擅长朗诵的演员，因演出埃切加赖的作品而出名。一方面，由于埃切加赖的作品广泛受到观众好评，演员们十分愿意排演埃切加赖的作品；另一方面，这些演员也帮助埃切加赖将他的作品更好地介绍给观看演出的观众。

到了创作晚期，演员们对埃切加赖的帮助就更加明显了。男演员门多萨和女演员玛丽亚·格雷罗曾经几次用精湛的表演挽救了一些不太被观众认可的埃切加赖的作品，这里面包括《劣等遗传基因》《向上爬》等。这些作品大多反映的是资产阶级的虚伪和狡诈，题材在当时相当很流行，不过，无奈于埃切加赖年事已高，创作能力有所降低，如果不是演员们卖力地展现人物背后的理念，观众很可能会对这些作品不买账。

不过，正所谓瑕不掩瑜，虽然在埃切加赖的剧本创作中有着一些失败和不足，但是，在长达25年的时间里，一直在西班牙的戏剧舞台上独领风骚的事实向人们证明了埃切加赖的能力和成就。埃切加赖的戏剧既立足于本民族光辉传统，又接受了外来文学思潮的影响，具有丰富的幻想力和强烈的抒情性。埃切加赖不仅在那个戏剧发展萧条的年代复兴了西班牙戏剧，他的影响力直到今日仍然令人叹为观止，他为世界文学发展所做出的贡献是不可磨灭的。

附　录

埃切加赖生平

1832年4月19日，何塞·埃切加赖·伊·埃伊萨吉雷出生于西班牙马德里市中心的普通家庭，他的父亲是一名祖籍阿拉贡的医生，因为经济拮据，同时兼职从事植物园的教学工作。埃切加赖有比利牛斯西部古老民族巴斯克的血统，这让他十分自豪。

1837年中，父亲带着一家人来到了位于西班牙东南部的穆尔西亚城，并在那里的中学找到了一份教师的工作。埃切加赖在这里读完了小学和中学，为了报考马德里土木工程学院，埃切加赖中学毕业后于1848年回到了马德里，用自学的方式准备马德里土木工程学院的招生考试。

1849年，埃切加赖通过不懈的努力以优异的成绩顺利考入了马德里土木工程学院，开始了为期4年的大学生活，于1853年从该校毕业，次年到格拉纳达担任了助理工程师的职务。一年之后，埃切加赖辞去了工程师的工作，回到母校马德里土木工程学院任纯数学及应用数学的教授，后担任学院秘书职务，潜心研究自由贸易。

1857年11月16日，埃切加赖与未婚妻安娜·佩费克塔·埃斯特拉达在圣塞瓦斯蒂安大教堂举行了结婚仪式，婚后育有一女，家庭生活十分温馨、平和。

在马德里土木工程学院任教过程中，埃切加赖先后被派往意大利、英国、法国进行技术考察，后来逐渐走上了政治道路，先后被任命为公共工程大臣、发展部大臣和财政部大臣。

　　1873年阿玛戴乌斯国王被迫退位，埃切加赖作为留守的常务委员而身处险境，不得不与妻子一起逃到法国，在巴黎旅居半年避难。在逃亡的日子里，埃切加赖完成了自己文学生涯中第一部独幕剧《支票簿》。第二年回国后，在新政府的任命下埃切加赖再次担任财政大臣并创建了西班牙银行。当年底波旁王朝即将复辟，埃切加赖辞去财政大臣的职务，转而潜心戏剧创作。

　　1874年，埃切加赖的第一部剧作《支票簿》在马德里著名的阿波罗剧院公演并一举获得成功。之后的三十多年里，他陆陆续续创作了一百多部风格各异的剧本，成为西班牙戏剧史上鲜有的一位多产作家。主要作品有《复仇者的妻子》（1874）、《在剑柄里》（1875）、《不是精神失常，就是品德圣洁》（1877）、《路标和十字架》（1878）、《伟大的牵线人》（1881）、《两种义务间的冲突》（1882）、《疯女人》（1903）等，其中流传比较广泛的《不是精神失常，就是品德圣洁》《伟大的牵线人》是他的代表作。

　　1904年，"由于他的剧作的独特的新颖风格，复兴了西班牙戏剧的伟大传统"，埃切加赖获得了诺贝尔文学奖，同年获奖的还有法国诗人弗雷德里克·米斯特拉尔。

获奖时代背景

1904年，埃切加赖与法国诗人弗雷德里克·米斯特拉尔一起获得了诺贝尔文学奖，他也成为首个获得诺贝尔奖的西班牙人。

在西班牙人民的心目中，埃切加赖是西班牙文学创始人，他们对埃切加赖获奖反响十分热烈。埃切加赖的《伟大的加莱奥特》（1881）上演后，爱戴他的人民组织了一次全国性签名活动，以纪念这位剧作家。

然而，埃切加赖的获奖并不是一帆风顺，当时围绕获奖有一系列的争论，其中之一就是获奖者的年龄，因为当时埃切加赖和米斯特拉尔都已年过70。

有一些评论家说，获奖者的高龄已经不符合诺贝尔奖的精神实质。他们说，诺贝尔的意愿是鼓励那些艰苦奋斗的作家，有后续力量的新兴之秀，而不是已经广受人们敬爱、经济实力已经相对独立，且处于文学创作的衰退期的作家。

诺贝尔奖的评委会则发表声明反驳这一说法，在授奖仪式上表明了对诺贝尔奖精神的理解，并再次强调，获奖资格只有唯一的一个标准，那就是获奖者的作品必须具有"特殊重要性"。

当然，获奖者同时有两个人，很多人还认为这也弱化了该奖的意义。在法国，埃切加赖被一带而过，米斯特拉尔的重要性在西班牙也被完全忽略了，其他国家对此则不置可否。在美国，人们只关心获奖的不是美国人，而对当年获奖者只字不提。

虽然1904年诺贝尔奖在国外遭到忽视和冷遇，在西班牙却引起了一场文学轰动，埃切加赖获奖所带来的影响十分深远。

埃切加赖年表

1832年4月19日出生于西班牙马德里，父亲是当地的一名医生。

1837年，全家迁至位于西班牙东南部的穆尔西亚城，父亲转而担任当地一所中学的教师，埃切加赖则在那里完成了小学和中学的学业。

1848年，重回马德里，用自学的方式备考马德里土木工程学院。

1849年，顺利考入马德里土木工程学院，开始了为期4年的大学生活。

1852年，撰写和发表毕业论文《西班牙农业理论与实践基础》。

1853年，从马德里土木工程学院毕业，并于当年9月接到来自格拉纳达的助理工程师委任。

1854年，先后在格拉纳达和阿梅利亚担任助理工程师和养路工程师职务，后回到母校马德里土木工程学院任教。

1855年，担任马德里土木工程学院秘书，开始研究自由贸易。

1857年，与未婚妻安娜·佩费克塔完婚。

1860年，接受委派前往意大利考察隧道工程和凿岩机。

1862年，被派往英国参加在伦敦举行的世界博览会。

1863年，出版土木工程学著作《热力学》和《阿尔卑斯山隧道》。

1865年，被马德里土木工程学院授予院士身份。

1868年，前往法国巴黎做技术考察，后被任命为公共工程大臣。

1869年，被任命为发展部大臣，两年后辞去这个，职务再次回到母校任教。

1872年，第二次被任命为发展部大臣，并于不久后兼任财政大臣。

1873年，阿玛戴乌斯国王被迫退位，埃切加赖作为留守的常务委员而身处险境，不得不与妻子一起逃到法国，在巴黎旅居半年避难。在逃亡的日子里，埃切加赖完成了自己文学生涯中第一部独幕剧《支票簿》。

1874年，回到祖国并在新政府的任命下再次担任财政大臣并创建了西班牙银行。当年底波旁王朝即将复辟，埃切加赖辞去财政大臣的职务，转而潜心戏剧创作。独幕剧《支票簿》和三幕剧《复仇者的妻子》首演。

1875年，三幕剧《最后一夜》《在剑柄里》首演。

1876年，独幕剧《新生的太阳与死亡的太阳》、三幕剧《如始如终》首演。

1877年，独幕剧《贝拉那的角斗士》与《和平的彩虹》、两幕剧《对这样的错误，就得这样惩罚》、三幕剧《不是精神失常，就是品德圣洁》与《不能说的那件事》首演。

1878年，三幕剧《路标和十字架》《为理想而奔波》《有几次在这儿》首演。

1879年，独幕剧《死去为了不再苏醒》与《悲惨的婚礼》、三幕剧《在死亡的怀抱里》与《无边的海洋》首演。

1880年，独幕剧《嘴唇上的死亡》首演，与西班牙政治家萨尔梅龙、小说家加尔多斯一起创办西班牙进步共和党。

1881年，三幕剧《伟大的牵线人》《北欧人哈罗尔多》首演。

1882年，入选西班牙皇家语言学院院士，两幕剧《两个奇怪的莽汉》、三幕剧《两种义务间的冲突》首演。

1883年，发表《现代物理学理论》之材料力学。

1884年，三幕剧《在埃及的奇迹》《想得不对，你猜得出吗》和《奥特兰托的瘟疫》首演。

1885年，三幕剧《欢乐的生活与悲惨的死亡》首演，出版著作《几何学问题》《分析学问题》和《行列式原理与变分计算》。

1886年，独幕剧《罗塔里奥公爵》、三幕剧《强盗利桑德罗》与《贱民》首演。

1887年，三幕剧《两个幽灵》《现实与妄想》《两个宗教狂》首演。

1888年，三幕剧《铁之子和肉之子》《粗俗中的高尚》首演。

1889年，三幕剧《不竭的源头》《死心眼儿的人们》首演。

1890年，三幕剧《总是出丑》首演。

1891年，三幕剧《初出茅庐的批评家》《没有结局的戏剧》《并非为你自己》首演，正剧《奥特兰托的瘟疫》被改编成歌剧上演。

1892年，三幕剧《堂胡安之子》《为他人作嫁衣或最后的施舍》《玛莉亚娜》首演。

1893年，被正式接纳为皇家语言学院院士，做了题为《文学的演变》的报告，三幕剧《无所作为的权力》和《海岸上》首演。

1894年，独幕剧《玛丽亚·罗莎》、三幕剧《爱记仇的女人》首演。

1895年，独幕剧《一部正剧的第一部》、三幕剧《污点》、四幕剧《溅血濯耻》首演。

1896年，独幕剧《街头歌女》、三幕剧《冷酷的爱情》《塞米拉米斯或空气的女儿》《下面的土地》首演。

1897年，三幕剧《将受到惩罚的诽谤》首演。

1898年，三幕剧《疑团》《黑衣人》《平静的死去》首演。

1900年，四幕剧《疯上帝》首演。

1901年，发表科学论文《化学亲和力机理和观察》。

1902年，三幕剧《劣等遗传基因》首演。

1903年，四幕剧《登上王位的阶梯》《疯女人》首演。

1904年，与法国诗人米斯特拉尔一同获得诺贝尔奖，重新被任命为财政大臣，兼任教育大臣。

1905年，宣布退出文坛，将精力放在数学研究上，正式从国王手中接过诺贝尔奖章和证书。《埃切加赖科普文章汇编》出版，三幕剧《向上爬》首演。

1908年，接任国家烟草印花管理委员会主席的职位。

1916年9月14日，在马德里的宅邸病逝。

获奖当年世界大事记

（1904年）

2月8日，日俄战争爆发。

4月8日，《英法协议》签订。

5月15日，中国红十字会成立。

5月21日，国际足联成立。

7月1日，第三届奥运会在美国圣路易斯开幕。

7月4日，中国历史上最后一次科举考试。

7月13日，西伯利亚铁路竣工。

7月15日，俄国作家契诃夫去世。

9月1日，拉德克里夫学院授予海伦·凯勒学位。

11月16日，约翰·安布罗斯·弗莱明发明真空管。

11月25日，中国著名文学家巴金出生。